# 文明的递进

龚 莉 著

——从《不列颠百科全书》到维基百科

中华书局

**图书在版编目（CIP）数据**

文明的递进：从《不列颠百科全书》到维基百科/龚莉著. —北京：中华书局，2020.10
（龚莉"四个一批"人才自主选题系列作品）
ISBN 978-7-101-14757-5

Ⅰ.文… Ⅱ.龚… Ⅲ.①百科全书-编辑工作-研究②百科全书-出版工作-研究 Ⅳ.G237.4

中国版本图书馆 CIP 数据核字（2020）第 173909 号

| | |
|---|---|
| 书　　名 | 文明的递进——从《不列颠百科全书》到维基百科 |
| 著　　者 | 龚　莉 |
| 丛 书 名 | 龚莉"四个一批"人才自主选题系列作品 |
| 责任编辑 | 王贵彬 |
| 版式设计 | 袁　欣 |
| 出版发行 | 中华书局 |
| | （北京市丰台区太平桥西里 38 号　100073） |
| | http://www.zhbc.com.cn |
| | E-mail：zhbc@zhbc.com.cn |
| 印　　刷 | 北京市白帆印务有限公司 |
| 版　　次 | 2020 年 10 月北京第 1 版 |
| | 2020 年 10 月北京第 1 次印刷 |
| 规　　格 | 开本/920×1250 毫米　1/32 |
| | 印张 10¼　插页 2　字数 350 千字 |
| 国际书号 | ISBN 978-7-101-14757-5 |
| 定　　价 | 98.00 元 |

# 目录

# 导言

## 世纪对决

本书的主角是百科全书。确切地说，是《不列颠百科全书》（*Encyclopædia Britannica*，又译《大英百科全书》）和维基百科（Wikipedia）。

百科全书诞生已有2000多年，自问世以来，一直试图向一切人介绍一切事物。它持续、忠实地记录着知识、科学、时代的变迁，在它庞大繁杂的条目数下，隐藏着认识论上的转变，改变着人们熟知的万物形貌。

《不列颠百科全书》和维基百科，是百科全书中的两朵奇葩，是世界文化史的传奇。它们有着不凡甚至惊世骇俗的身世，它们在21世纪初不期而遇，上演了一场持续经年、精彩纷呈的对手戏。时光静静流淌，人类的知识进程，弦歌不辍，一路向前。

250年前，美利坚合众国尚未建立，天王星、海王星和冥王星尚不为人知晓，电话、电、铁路和汽车尚未进入人们的生活，拿破仑（Napoléon Bonaparte）、林肯（Abraham Lincoln）尚未出生。然而，《不列颠百科全书》已经在英国爱丁堡，在一场后人称之为"现代世界文明起点"的思想解放运动中呱呱坠地，开始了长达数个世纪的奇异之旅。启蒙运动、工业化、科学革命、两次世界大战、信息与通信纪元接踵而来，它穿行于五光十色、波谲云诡的时光遂道，以"权威仅次于上帝"之誉，盘踞世界书籍、学术巅峰，长达一个多世纪之久。它的撰稿者来自100多个国家，包括诺贝尔奖得主和普利策奖得主，也有总统、总理、奥斯卡奖得主、入选名人堂的体育精英，以及商界和科技界的开拓者。各领域最杰出、最睿智的人通过《不列颠百科全书》与世人分享他们的专业知识。学术精英、文学骄子、商界大佬、政治领袖们以拥有它的藏本为傲，它甚至成为一个时代中产阶级的象征，无数家庭将购置《不列颠百科全书》列为必需。亲子共读或独自阅览百科全书，日后都成为对家、对成长的温情回忆。《不列颠百科全书》在西方文化中无处不在，它频频出现在小说家、诗人、学者、科学家的作品里，美国当代最具标志性的商业图像：持单片眼镜的男人和可口可乐瓶，其创意均与《不列颠百科全书》有关。至20世纪90年代，它已出版英、法、德、日、西班牙、中、韩等众多文种版本。仅英文版就在17个国家拥有自营公司，经销商遍布130多个国家。1990年，仅仅在美国，2 000多人的直销团队就卖出了10万套纸质版产品。人们津津乐道这样一个故事：外星球的一位科学家吉塔先生来到地球搜集人类的资料，遇到赫尔曼博士。赫尔曼对他说：你为什么不带一套《不列颠百科全书》回去呢？

然而，2012年3月13日，不列颠百科全书公司（Encyclopædia Britannica, Inc.）官宣，正式停止纸本印刷。消息迅速登上世界各大网站头条，犹如引爆了一枚重磅炸弹，引起轩然大波。人们感慨万千！推特上写满了各式各样情绪的留言，有的抒发了怀旧的悲凉，有的则愤怒指责《不列颠百科全书》向网络低头和妥协，还有的说，是维基百科打败了《不列颠百科全书》！

　　此时的维基百科，出生才十来年，论岁数，还是一个毛孩子。2001年1月15日，一位看着父母贴满书签的《不列颠百科全书》长大的年轻人，在新发起的项目维基百科首页上写下："世界，你好！"其下注明："维基百科，自由的百科全书，人人可编辑的百科全书。"那时谁也没有料到，乾坤大挪移的变化就这样开始了。出世当天，维基百科仅有25个条目，20多天后的2001年2月12日，最早语言版本的英语维基百科约有1 000个条目，同年9月7日突破10 000个条目。创建后的第一年年底，有超过20 000个条目，包括阿拉伯语、中文、荷兰语、德语、世界语、法语、希伯来文、意大利语、日语、葡萄牙语、俄语、西班牙语、瑞典语和挪威语等语言版本宣布成立。2003年1月22日英语维基百科突破10万个条目，在数量上赶超《不列颠百科全书》。2007年9月9日突破200万个条目，成为有史以来世界上最大规模的百科全书，打破了中国1407年编写的《永乐大典》所保持的长达600多年的世界纪录。2012年初，维基百科共有285种独立运作的语言版本，已收录超过3 000万个条目，其中英语维基百科以超过450万个条目在数量上居首位。全世界总共有近3.65亿民众使用维基百科,每个月有将近2.7亿的美国人前往该网站浏览。谷歌搜索引擎将维基科的内容放入信息栏来响应搜索请求,苹果的Siri用维基百科来回答问题。就在这时,《不列颠百科全书》宣布停止纸本印刷,人们理所当然要浮想联翩。

一个是经年享有盛誉的金字招牌百科,一个是初生牛犊不怕虎的新生代百科,在跨入21世纪初始不期而遇,两军对垒不可避免地出现了。尽管两家掌门都对外声称,各干各的,不关对方什么事,但类比和较劲客观上存在。初创的维基百科,激情燃烧,又毫无章法,内容混乱不堪。后来,它陆续推出规则和技术支持,整顿秩序,协同管理,但仍然时常被拎出错误,丑闻不断。忧心忡忡的学者,在维基百科条目中遭到不实表述的当事人,以及《不列颠百科全书》的拥趸们揪住维基科的软肋,对其准确性方面的缺陷发起猛烈抨击,而维基百科粉丝则以《不列颠百科全书》少得可怜的流量反讽。这场旷日持久的争论,卷入者包括政界领袖、学术精英、普罗大众,以及杂志、报纸、电视、网络等,在美国几乎成了全民持续关注的热点,各种新闻、段子一次次登上热搜。甚至,世界著名的科学杂志《自然》(*Nature*),也组织专家团队专门研讨,在重要版面发出重磅报告。

吵吵嚷嚷中,《不列颠百科全书》终于宣布纸本停印了,这对于许多人来说,告别寄托了数代人美好精神与情感的它,实在难以割舍。但是,不列颠百科宣布:这仅仅是一个精心规划,并且已经实施了35年的战略转型的最后阶段，《不列颠百科全书》不是消失，而是以在线的形式，以更大、更全面、更有活力的虚拟化形式存在。如今，和维基百科比，在线不列颠百科虽然规模偏小，流量偏低，但一直拥有稳定的用户群，公司的收入已经全部来自数字化产品。

而维基百科，规模一路飚升，至2020年3月，总计拥有301种语言版本，4 000万个条目，其中英语版本以超过600万个条目位居榜首。维基百科是世界上访问量排名第5的网站，仅次于脸书（Facebook）、谷歌（Google）、雅虎（Yahoo）、油管（YouTube），领先于微软（Microsoft）、亚马逊（Amazon）、苹果（Apple）和易贝（eBay）。内容方面，从最初的粗放、无序，到逐步建立、完善整套规则，强调知识生产必须在编辑指导原则和技术系统控制下进行，以提升质量，塑造品牌美誉度。在质量上它以《不列颠百科全书》为标杆，大量引用已进入公版的《不列颠百科全书》的内容，以及和大英博物馆、美国国家档案馆等专业机构合作，进一步提升条目的准确性。单就对质量越来越强烈的愿望，以及越来越繁复的管理这一点，维基百科与《不列颠百科全书》似有"殊途同归"之感。有趣的还有，《不列颠百科全书》停止印刷，印刷版维基百科却问世了。一个英国学生制作了一卷奇厚无比的维基百科精选。2015年6月，英文版维基百科全文纸质版出版的消息又引起轰动，它共计7 600卷，全套售价50万美元！2013年，经国际天文学联合会认证，一颗小行星以维基百科命名。2018年，维基百科入围世界品牌500强，位列第90。

当不列颠百科和维基百科在新世纪不期而遇，人们会把涉及它们的各种统计数据进行对比，并得出谁是霸主，谁已经日暮西山的结论。但其实，百科全书的全面影响最终是无法以具体数字估量的，即便是当下如日中天的巨无霸维基百科，对它的质疑也从未停止；同时，它也终会有老去的一天。更重要的事实是：在一个新的标志性历史节点上，它们在对决中进行着各自的蜕变，甚至对接，这是一种互相成就，是一场人类文化的接力。它们只是时代的缩影，当今世界，在相因相生中，发生着翻天覆地的变化。

更值得关注的是，它们从哪里来？经历了什么？又将往何处去？

人类文化史上具有坐标意义的人物和事件，人类知识的民主化进程，知识组织的革命性创新，关于世界的新见解，那些编纂者的思维方式、行为、决定、精神世界等等，这一切，是怎样在百科全书中走到了一起，又是如何被读者（用户）获得的？挑战传统价值和业已建立的旧制度权威，在各种悖论如传统和现代、保守和进步、错误和权威、自由和规则、有偿和公益、民主化和编辑权等中寻找出路，在政治和商业利益纠缠的充满复杂的阴谋与争斗中实施逆袭，那神秘的不可思议的一切，都是怎么做到的？

作为时代发展的缩影、历史的一面镜子、不断发展的知识记录器、人类观念之舟，百科全书的故事是独一无二的。

第一篇

权威仅次于上帝

# 书名是烫金的

　　史籍、媒体总是对那些星光熠熠的人物评头品足，津津乐道他们的一切，包括各种秘闻、人生轨迹、有谁助跑。人们惊异地发现，众多学术精英、文学骄子、商界大佬、政治领袖，都对同一部百科全书念念不忘。

　　1805年迈克尔·法拉第（Michael Faraday）14岁时，他被派到一位书商那里帮忙。当顾客放下书页等着装订时，他会趁此机会研究一下他们的书目。有一本书是第3版《不列颠百科全书》（1788—1797），其中关于电的文章让他着迷。回到自己的店里后他开始做电学实验，未来天才的火花自此点燃。他后来在电磁学方面的成就，使他成为19世纪最重要的科学家之一。

　　20世纪初，美国出现《不列颠百科全书》的盗版。盗版版本的拥有者包括：美利坚合众国国父、首任总统乔治·华盛顿（George Washington），美国《独立宣言》主要起草人、第三任总统托马斯·杰斐逊（Thomas Jefferson），美国宪法起草人、美国政党制度的创建者亚历山大·汉密尔顿（Alexander Hamilton）等。第42任美国总统比尔·克林顿（Bill Clinton）、第44任美国总统贝拉

拉什莫尔国家纪念公园的美国总统山。山上有四座高约18米的美国历史上著名总统的头像石雕，分别是华盛顿、杰斐逊、罗斯福和林肯。美国开国元勋及后来的政要都以拥有《不列颠百科全书》为荣。

克·奥巴马（Barack Hussein Obama）在演讲和自传中表示：《不列颠百科全书》陪伴了他们的成长。

以《圣女贞德》（*Saint Joan*）获1925年诺贝尔文学奖的萧伯纳（George Bernard Shaw），声称在访问大英博物馆期间阅读了整套24卷本第9版《不列颠百科全书》（1875—1889），只跳过了那些冗长的科普文章。

塞西尔·福雷斯特（Cecil Scott Forester）最著名的作品是广受欢迎的《霍雷肖·霍恩布洛尔》（*Horatio Hornblower*）航海小说系列（1937—1967），以及《非洲皇后》（*The African Queen*, 1935）。他把《不列颠百科全书》读了三遍！这看起来似乎是一个不可能的壮举，但福雷斯特具有罕见的摄像般的记忆力，每分钟可以阅读4 000个单词。他的床头读物就是百科全书。

阿道司·赫胥黎（Aldous Leonard Huxley）阅读了整套《不列颠百科全书》，但是随机的。例如，他会查找关于字母P的文章，然后去参加一个聚会，在聚会上，他会温和地将对话转移到这些文章议题上，对所涉及的历史做一次非常有学问，而且总是很诙谐机智的论述。

豪尔赫·博尔赫斯（Jorge Luis Borges），阿根廷诗人、小说家、散文家兼翻译家，他曾说自己是一个作家，但更是一个好读者。他的最初和主要的知识来源是他父亲的藏书室，即使后来已名满天下，他仍然认为自己从来没有离开过那个藏书室。他还清楚地记得在那里读过的书，记得那里的《钱伯斯百科全书》和《不列颠百科全书》中的许多铜版雕刻画。1929年当他还是一位布宜诺斯艾利斯的年轻作家时，他的散文集赢得了文学奖，他立即用刚刚得到的奖金购买了一套二手的第11版《不列颠百科全书》（1910—1911）。

对于小说家詹姆斯·米切纳（James Michener）来说，《不列颠百科全书》是每天的伴侣。他将百科全书放在手边，并亲自动手特制了书架。事实上，他开车旅行时也会带着整套百科全书。

亿万富翁、微软创始人比尔·盖茨（（Bill Gates）透露，他不喜欢交际，情愿看书。他所谓的娱乐就是啃百科全书。1973年考进哈佛大学之前，他已多次通读了这套百科全书。在1995年出版的揭示微软成功秘密的《未来之路》一书中，他屡次提到它。没有念完大学的盖茨宣称，"是《不列颠百科全书》令我获得了一切有用的知识"。

中国现代出版家王云五，曾任上海商务印书馆总经理。他没有文凭，其学问全通过自学获得。20岁时，王

美国匹兹堡大学"思学圣堂"。静谧的图书阅览室,穹顶直达云端。

云五用按揭方式买了一套第10版的《不列颠百科全书》（1902—1903），每日阅读两三个小时，三年后付清书款时，他已经把全书通读一遍。胡适赞扬他是"有脚的百科全书"。他82岁时被韩国建国大学赠予名誉法学博士学位，在仪式上他说："是百科全书让我受益一生。"

作家、文学研究家钱锺书年轻时即开始阅读《不列颠百科全书》。他有着过目不忘的超凡本领。20世纪80年代，他虽年事已高，但仍帮了画家黄永玉一个忙：黄向他求教关于"凤凰涅槃"的文字根据，钱叫他去查中文版《简明不列颠百科全书》（1980—1986）第3卷，黄依言果然马上找到。钱锺书生前被称为"一本活着的百科全书"。

编辑及作家阿诺德·贾各布斯（Arnold Jacobs）自2002年起花费一年多时间读完整套32册多达33 000页的《不列颠百科全书》，借此度过中年危机，并将这段经历写成了一本名为《无所不知者：一个想成为世界上最聪明之人的谦恭探索》的书。书的结尾写着贾各布斯的阅读心得："我知道历史既充满血腥的混乱，同时也聚集着如此鼓舞人心和令人惊叹的壮举；我知道世间的资料和知识如海洋般浩瀚，我知道我对那片海洋知之甚少；我知道我两个月后就要有孩子了，我只是为生养他做了最少的准备（万一他问的话，我可以告诉他为什么天空是蓝色的，以及蓝月亮的由来）；我知道在过去的一年里我已经自相矛盾了上百次，而同样的时间里人类社会历史已经自相矛盾了上千次；我知道人应该总是对冒险说'好'，否则人生就过于沉闷了；我知道知识和智慧不是一回事，但它们确实是邻居。我再次亲身体会到学习的乐趣。"[1]

贾各布斯在他自己的《不列颠百科全书》火速阅读

①A. J. Jacobs. The Know-It-All: One Man's Humble Quest to Become the Smartest Person in the World［M］. SIMON & SCHUSTER INC.，2004.

中，给迈克尔·德巴基（Michael DeBakey）打电话，讨论自己的读书壮举。德巴基是一名心脏外科医生，曾发明了"滚筒泵"（心肺机的关键部件，使心内直视手术成为可能），并获得过许多"第一"（例如1964年第一次成功的冠状动脉搭桥手术）。外科医生对贾各布斯说，当他还是个十来岁孩子的时候，父母允许孩子们每周从图书馆带回一本书。有一天他回到家，说图书馆有一本很棒的书，是《不列颠百科全书》，但是不肯外借。于是他的父母买了一套。到上大学的时候，他已经读完了所有的内容。外科医生和他的兄弟姐妹们每天都会匆忙做完作业，然后就可以有空阅读百科全书了。

2019年3月26日，英国广播公司报道，5个月前出版的《成为》（2018）已经售出超过1 000万册。该书是美国总统奥巴马的妻子米歇尔·奥巴马（Michelle LaVaughn Obama）的自传，书中重现了出生、成长于工人家庭的米歇尔对少年时期的记忆：父母给我们买了一整套《不列颠百科全书》，放在我们公寓楼梯间的架子上，书名是烫金的。遇到不懂的问题父母总让我们自己去翻百科全书。后来，米歇尔初识奥巴马时的好感甚至也与百科全书有关：第一次约会时，他穿着一件白色的运动上衣，还抽烟，但我原谅了他，因为他高贵的内心和百科全书般的头脑。

……

在19—20世纪的欧美国家，《不列颠百科全书》已经成为那个时代中产阶级或财富的象征，各阶层、无数家庭理所当然地成为它的拥趸。尽管定价高昂，也不能阻挡那些并不富裕的家庭拥有它的激情。它在各类家庭中成了亲密关系的纽带。

牛顿·贝克（Newton Bake），美国前总统内阁成员、战争部长，他在传记中写道，南北战争结束后，他的父亲开始阅读整套《不列颠百科全书》，试图弥补因参加斯图亚特骑兵部队而中断了4年的大学教育。然后，父亲向儿子提出了同样的挑战。贝克被告知，如果他能读完这整套百科全书，就会得到奖品：大卫·休谟（David Hume）的《大不列颠史》（*The History of Great Britain*）。他接受了挑战，并赢得了奖品。

理查德·费曼（Richard Feynman），第二次世界大战后最杰出和最有影响力的科学家之一，1965年诺贝尔物理学奖获得者。他在1981年接受英国广播公司（BBC）节目地平线（*Horizon*）采访时回忆："当我还是小男孩时，父亲经常让我坐在他的膝上，给我读《不列颠百科全

美籍犹太裔物理学家，加州理工学院物理学教授费曼在演讲。

书》。我们会阅读，会说说关于恐龙的事情，书中会谈论雷龙之类，或者霸王龙，'这家伙有25英尺高，头有6英尺宽'，这意味着，如果它站在我们的前院，它的高度足以让它将头伸出窗外……我们将阅读的所有内容都尽可能地转化为现实场景，我学会了这样做。当我还是个孩子的时候以这样的方式阅读，这令人非常兴奋，感觉趣味横生。"①

迈克·梅尔斯（Mike Myers），因在《反斗智多星》（*Wayne's World*）中饰演韦恩一角而家喻户晓的喜剧演员。对他来说，《不列颠百科全书》象征着家庭和美好的回忆。他的父亲曾在多伦多地区销售《不列颠百科全书》，1956年赢得了"年度推销员"的荣誉。因为这一成就，他获得了一枚特殊的印章戒指。梅尔斯的父亲去世后，这枚戒指传给了他。梅尔斯用它作为结婚戒指，至今仍戴着，以纪念他的父亲。

《不列颠百科全书》在西方文化中无处不在。几个世纪以来它频频出现在小说家、诗人、学者、科学家的作品里。

达雷尔·菲吉斯（Darrell Figgis），这位出生于都柏林但在加尔各答长大的诗人、小说家、散文家和政治群众运动的鼓动者，1922年参加起草了爱尔兰自由邦宪法。他记下了当时的情景：起草宪法时，《不列颠百科全书》总是与宪法委员会成员同处一室；在委员会举行会议时，以及在工作人员为会议进行长期准备期间，它的

<hr>

①Encyclopædia Britannica, Inc. Encyclopædia Britannica Anniversary Edition［M］. Encyclopædia Britannica, Inc., 2018：721.

各卷频繁地、几乎是没完没了地被使用；某些场合它被证明是无价的。

《摩尔人的最后叹息》（*The Moor's Last Sigh*，1995），是三获布克奖的印裔英国作家萨尔曼·拉什迪（Salman Rushdie）的代表作。书中有一个角色描述了自己的梦想：就像《不列颠百科全书》的解剖学插图一样，剥去我那狂放不羁的皮肤，所有的神经节、韧带、神经通路和静脉，都从不可避免的肤色、种族和家族的牢狱中解放了出来。

阿瑟·柯南·道尔（Arthur Conan Doyle）因塑造了才华横溢的夏洛克·福尔摩斯（Sherlock Holmes）而成为侦探小说历史上最重要的作家之一。对他来说，《不列颠百科全书》成了不那么完美的犯罪的完美掩护。在《红发会》（*The Red-head League*，1891）中，福尔摩斯必须查明为什么一个组织会向一个红发男人支付一笔可观的费用，而他要完成的任务只是每天上午10点到下午2点在一个指定房间里复制《不列颠百科全书》页面。为此，他耗去了8个星期的时间，几乎复制完了所有A开头的条目。对柯南·道尔的传记作者查尔斯·海哈姆（Charles Higham，著有《柯南·道尔历险记：福尔摩斯的一生》）来说，百科全书的使用之所以引人注目有两个原因，它不仅显示了福尔摩斯小说中的幽默感，并且也是一面反映这个时代的"社会学之镜"，反射出上层中产阶级的观点：工人阶级都是傻子罢了。

美国当代最具标志性的两个商业图像：持单片眼镜的男人和可口可乐瓶，都与《不列颠百科全书》有着共

美国加州著名的"十七哩"景点,电影《福尔摩斯探案》在此取景。

同的联系。

尤斯塔斯·蒂利(Eustace Tilley),一个头顶礼帽,持单片眼镜凝视着蝴蝶的花花公子,1925年出现在首期《纽约客》(*The New Yorker*)封面上,从此尤斯塔斯先生便成为该杂志的代名词。这一形象源于1834年的一幅插图(以奥尔赛伯爵为原型,他是维多利亚时代早期的时尚人物),该杂志的艺术总监雷亚·欧文(Rea Irvin)在第11版《不列颠百科全书》的"服装"条目中发现了这一插图的复刻件。这人物意味着什么?《纽约客》说:作为本杂志读者形象出现的持单片眼镜的男人,他是一个有教养并留意生活中细微之美的观察者,亦或是被嘲笑为一个矫饰的时代错乱者?就如对美的看法,诠释都在旁观者眼中。

名列全球品牌百强前茅的可口可乐(Coca-Cola),目前每天向17亿人次的消费者售出饮料产品,大约每秒

钟售出19 400瓶。而那蜿蜒形状的可口可乐瓶,来自其与《不列颠百科全书》一场颇具喜剧色彩的邂逅。1915年,可口可乐公司向全国10家玻璃制品公司发出邀请:为饮料设计一款新瓶子,要求这种瓶子"如此独特,以至于你可以在黑暗中通过感觉或根据地上的碎片就能认出它"。印第安纳州特雷霍特根玻璃公司的工厂经理是个聪明的家伙，他提出自己的想法：将瓶子设计成古柯叶或柯拉果的形状，这是可口可乐饮料中的两种成分，产品和公司也是以这两种成分命名的。于是，经理派了一名雇员去图书馆研究这些形状，但这名研究人员弄错了，带回的并非古柯叶或柯拉果的图像，而是其他东西的草图：《不列颠百科全书》上有棱纹、中凸的可可豆荚（巧克力中的主要成分）。就这样，百科全书的可可豆荚素描，演变成了著名的、世界辨识度最高形状之一的可口可乐瓶。

那则广泛流传的赫尔曼博士向外星球科学家荐书的逸事，不管是不是科幻故事，但《不列颠百科全书》确实是一套能影响人一生的百科全书。至20世纪90年代，《不列颠百科全书》已出版英、法、德、日、西班牙、中、韩等众多文种版本。仅英文版就在17个国家拥有自营公司，经销商遍布130多个国家。位于芝加哥的不列颠百科全书公司总部，订购的信函总是像雪花般飘来。那时的电影中，人们经常可以看到发丝整齐、西装革履的百科全书直销员步履匆匆，穿梭于街头巷尾、邻里寓所的镜头。

然而，这样一部笼罩了如此绚丽光环，受到从精英到平民热捧，行销遍布全球的显赫之作，又有谁能想到，它的出生地竟然是偏于苏格兰中部低地一隅的弹丸之地爱丁堡呢？

# 启蒙运动的生意

苏格兰中部低地福斯湾南岸，文化古城爱丁堡坐落在绵延的火山岩石上。爱丁堡1329年正式建市，历史上曾是独立的苏格兰王国的首府。苏格兰与近邻英格兰曾经经历了数百年的血腥争斗、交融。英格兰、苏格兰王室联姻后，于1707年正式合并，成为英国（大不列颠及北爱尔兰联合王国）的组成部分。优越的地理位置，以及首府之尊，使爱丁堡很早便成为了苏格兰的政治中心和文化中心。它忠实地维护着苏格兰传统，同时热情拥抱了多元文化的融入，从而迸发出惊人的创造力。今天，人们在爱丁堡看到的是风笛、苏格兰格子、苏格兰裙、古城堡、威士忌和高尔夫球，然而，早在200多年前，这里曾经涌起一场被后人称之为"现代世界文明起点"的思想解放运动，诞生了流传久远的百科全书。

启蒙运动开启了以知识和文明为重的新时代，而印刷术则快速扩展了书籍的市场规模，刺激了人们谋利的欲望，推动了知识的商业化进程。知识贸易变成了一个大产业。18世纪的欧洲形成了书籍出版，包括百科全书出版的潮流。这一时期百科全书的著名代

表作有德尼·狄德罗（Denis Diderot）的法国《百科全书》（*Encyclopédie*）、《钱伯斯百科全书》（*Chamber's Encyclopaedia*）和《不列颠百科全书》。后两者都出自苏格兰。

苏格兰在17世纪末还是欧洲最贫穷落后的国家，惊人的奇迹却在18世纪中叶发生：出现了大批近代文明史中的巨擘，包括经验主义哲学家休谟，自由经济的鼻祖亚当·斯密（Adam Smith），深刻影响欧洲浪漫主义文学的沃尔特·司各特（Walter Scott），因改良蒸汽机成为第一次工业革命重要人物的詹姆斯·瓦特（James Watt）等。研究不列颠历史的年代学家认为，当时的爱丁堡是一个即将进入黄金时代的城市，是学习的中心，是作家、思想家、哲学家、幽默家和教育家的家园。

书商兼印刷商科林·麦克法卡尔（Colin Macfarquhar）与雕刻家安德鲁·贝尔（Andrew Bell）合计，决定趁势而上，成立"苏格兰绅士协会"出版百科全书。他们以200英镑为报酬，聘请年仅28岁的印刷工，同时也是精通拉丁语、英语和自然科学的博物学家威廉·斯梅利（William Smellie）为主编，负责百科全书的总体设计和编辑工作。

1768年12月10日，《加里多尼亚水星报》和《爱丁堡晚报》刊出一则广告，宣布当天出版百科全书的第一部分；它进一步承诺，百科全书将提供"准确的定义和解释"。这部作品于1768年12月起陆续以分册形式出版，按每页两栏印刷，就在麦克法卡尔位于尼科尔森街的印刷公司办公室出售。1768年12月，百科全书的第1册面世，售价6便士。1771年，第1版全部完成，所有分册合并，以字母顺序排列，分为A—B、C—L和M—Z三部分，装订成3本厚实的书，总约2 500页，其中有160幅由贝尔创作的铜版雕刻画。标题页开头的书名如下：《不列颠百科全书；或，一本基于新计划编制的艺术与科学词典》。书的价格不菲，每套售价12英镑。在当时，鲁滨逊用100英镑买下了一个岛。能买一套百科全书放在家里，逐渐成了身份和地位的象征。百科全书一上市就销售一空，一共售出了约3 000套。

策划者和编者认为，这部作品在规模上无法与约翰·泽勒（Johann Heinrich Zeler）的68卷《通用词典》或狄德罗的法国《百科全书》（其时已完成17卷文本）进行竞争。但由于它的新计划，它确实挑战了之前所有的艺术和科学词典。

《不列颠百科全书》的"新计划"，即"以新方法编

推行公制。公制亦称"米制""米突制"。公制是一种国际度量衡制度，创立于法国大革命时期。基本单位有:"米"，用来度量距离;"千克"，用来度量质量;"秒"，用来度量时间。1795年4月7日，法国国会议决颁布米突制条例，1840年以后采用米突制的国家逐渐增多，1858年《中法通商章程》签订后传入中国。图引自法国巴黎国家银行1800年资料。

撰，所有术语按照字母表的顺序出现，不同的科学艺术科目被分解成为一目了然的论述或系统"。也即同主题条目归为一类，再按字母顺序排列，更便于读者查阅。它还将关于艺术（即实用艺术）和科学的论文，与有关技术术语和相应主题条目相对应，纳入相同的字母系列，以便从一种类型的条目到另一种类型的文章间交叉引用。它宣称这样做的目的是同时满足两种类型的读者：那些希望认真研究某一主题的人，他们将通过专题论文的方式工作；以及那些快速寻找参考材料的人，他们可以按字母顺序排列立即转向他们想要的资料。这部百科全书的编纂方法，使工具书走出一贯的烦琐，变得更加便利实用。另外，斯梅利生动的写作文风也为这套书增色不少。

第1卷前言后插入了两页编辑工作中使用的出版物

列表。从已出版书籍中提取了若干主题，如"漂白""簿记"和"法律""音乐"等。整段使用原文，只有微小的编辑修改和一点补漏。然而，相当一部分文章，如"以太"等是由斯梅利新写的。斯梅利起初的职业是爱丁堡的一名印刷工，受雇从事"15项主要科学"的编写。他设计了"新计划"，编写或汇编了所有主要文章，他甚至开玩笑地说，他"用一把剪刀写了一本艺术和科学词典"。后来，他成为《自然历史》的秘书和总监，苏格兰古董协会博物馆的管理员。

然而，第1版的粗糙也显而易见。例如条目"解剖学"，其长度远远超过在狄德罗《百科全书》中的篇幅。条目"金钱""穆罕默德""烟雾"在长度上甚至超过了一些论文。然而，其他绝大多数条目的长度只有几行字，有些几乎只是定义。

由于斯梅利的坚决反对，初版并未收录人物传记条目。《不列颠百科全书》从出生起，便显示了某种"保守"倾向。

第1版共售出约3 000套。售出速度很快，这导致了伦敦快马加鞭的重印，于1773年和1775年两次印刷。

受到销售成绩的鼓舞，麦克法卡尔和贝尔信心大增，接下来在1777年至1784年出版了《不列颠百科全书》第2版。这是一部无论在长度或范围上都更加雄心勃勃的作品。

第2版的出资人认为，胆子可以放大些，比如收录人物传记。这让斯梅利非常恼火，愤然拒绝继续留任。于是麦克法卡尔亲自操刀担任主编，药学家詹姆斯·泰特勒（James Tytler）成为主要编写人。泰特勒是一位默默无闻、醉醺醺、身无分文然而才华横溢的博学者，曾因印制煽动性传单而被捕。他的学术背景让他在编写时自然加入了许多科学条目。第2版从1777年到1784年接连出版了10卷，共8 595页，铜版雕刻画增加到了340幅，一年之内就卖出1 500多套。

第2版的篇幅和条目数量都扩大了许多，以回应人类文明和知识发展的进程。

17世纪初，弗朗西斯·培根（Francis Bacon）在其哲理小说《新大西岛》（*New Atlantis*）中有著名的"所罗门"想象：约1900年前，有一位宽宏大度的国王治理着一个叫大西岛的岛国，他乐善好施，为民谋利。他兴建研究机构"所罗门宫"，聘任33位研究人员，把他们分成"有见识的商人"（四处旅行带回知识）、观察者、试验人员、汇编者和翻译等，从事天文、气象、地质、矿藏、动物、植物、物理、化学、机械、情报等研究工作。全岛上下，人人热爱知识，运用知识促进生产，发家致富。培根对研究机构的设想图景，后来逐渐成为现实。在欧洲知识发展史中，经历文艺复兴、科学革命和启蒙运动，18世纪进入转折点。教会对知识的控制被打破，大学对高等教育的实际垄断受到挑战，新的"科学学会"之类自发研究机构和研究人员群体兴起。同时，许多原有机构受到刺激而图谋改变。英国皇家科学院得到了法王路易十四的财政大臣让-巴普蒂斯特·科尔贝尔（Jean-Baptiste Colbert）24万里弗的科研经费支持，其中包含支付学者的薪水，以资助他们开展植物自然史等的研究。

《在谷仓换装的女演员》。铜版画,英国画家霍加斯作于1738年,展现了那个时代女演员们贫穷窘迫的真实生活。乌尔曼夫人1929年赠与纽约大都会艺术博物馆收藏。

知识阶层相比以往更深入参与到自然、社会、经济、政治的研究及变革之中。新的学科、新的知识持续出现。

"实用知识""别样知识"也开始登堂入室,与学术精英的知识体系发生交流,逐渐确立起正当性。"纯粹知识"与"实用知识"的差别古已有之。"纯粹知识",比如希腊文和拉丁文经典著作的知识,16世纪中叶前在欧洲的地位很高。在相当长的时期中,从官方的角度认为,体面的、受到尊敬的人应该具备的全部学识是既定的,那就是七艺,即:文法(包括拉丁文和文学知识)、修辞(包括散文与诗习作,还兼顾历史知识)、逻辑(原称辩证法,即形式逻辑)、算术、几何(还包括地理知识)、天文、音乐。研究生再加三门课程:神学、法学和医学。而"实用知识",像生意和生产过程中的知识，有如掌握它的手艺人和工匠一样，地位低下，称为"技巧"。那时被上层阶级漠视，仅视作七种"机械技巧"的是：制衣、造船、航海、农业、打猎、医疗和表演。

后来，科学革命的支持者试图将另类知识并入"学问"之中。比如，化学曾得益于古老的炼金术，植物学则从园丁的知识发展而来。"纯粹知识"与"实用知识"的相对重要性发生了变化。英国唯物主义哲学家培根，被马克思誉为"整个实验科学的真正始祖"，他将人类知识细分为130个门类，再归纳为三个方面：外界自然（1—40门类，包括天文、气象、地理等）；人类自身（41—59门类，包括人体构造、体力、行为等）；人类对自然的作用（60—130门类，包括医学、化学、技术、艺术、印刷、农业、航海、以及衣食住行等），大量的"另类知识""实用知识"已经进入培根设计的知识体系之中。他的名言"知识就是力量"，实际更多是指重视实用知识。到18世纪，实用知识已受人尊重，甚至有人提出：最有用的知识应排在最显要的位置，其次才是最为时尚和适用于绅士的知识。18世纪中期开始，从科英布拉、哥本哈根、克拉科夫、美因茨、布拉格、罗马、萨拉曼卡、塞维利亚到维也纳，一系列大学都在努力进行改革。不少应用科学进入大学课堂。例如，科英布拉大学新建了化学和物理实验室和植物园、天文台，布拉格大学增设了采矿专业。

第2版纠正了错误，扩充了原有文章的长度，如"商业""历史""法律"，插入"知识的各种独立部分"，以涵盖有关主题的历史、理论以及实践；收入了更多的

巨石阵，又称索尔兹伯里石环、环状列石、太阳神庙、史前石桌、斯托肯立石圈，英伦三岛最著名、最神秘的史前遗迹，位于英格兰威尔特郡索尔兹伯里平原，建于公元前2300年左右。

论文、更多的新条目，如"绘画""染色""枪战""历史""魔术""磁性""演讲""绘画""诗歌""通过小说表达思想的艺术"和"战争""医学""光学""药学"等，并附有索引。和第1版一样，第2版继续保留了部分长文，最著名的例子是"苏格兰"，达80页之多，涵盖了苏格兰的历史，直到1603年与英格兰王室结盟，并在"不列颠王国"继续着它的故事。"英格兰"有71页，"罗马"135页，而"美国"只寥寥数页，论述了地理和美洲印第安人。

200多年前的这组数字，毫不掩饰地表达了主编者对苏格兰、英格兰及欧洲的厚爱和自身的优越感，以及对美国的漠视和轻蔑。1620年11月，102位与英国国教天主教分道扬镳的清教徒，乘英国五月花号帆船，涉过大西洋，经历海上66天漂泊后驶入美洲普利茅斯湾。在此他们签订了一份极为重要的政治性契约——《五月花公约》（Mayflower Compact），为创立一个不同于欧洲的公民自治社会奠基。18世纪前，英国在美国大西洋沿岸建立了13个英属北美殖民地。1775年，爆发了美国人民反抗大英帝国殖民统治的独立战争。1776年7月4日，大陆军总司令华盛顿发表美国《独立宣言》（Declaration of Independence），宣布脱离大英帝国殖民统治，美利坚合众国正式成立。1783年9月3日，双方签订《巴黎和约》（Treaty of Paris），英国被迫承认美国独立。这个由叛逃本土的清教徒开拓且刚刚脱离大英帝国治下的所谓国家，有什么好写的呢？至于波士顿倾茶、美国独立战争等，都是让"日不落帝国"颜面扫地之事，就更须缄口不言了。

列举编撰第2版时使用的主要书籍占据了4页多篇幅。序言指出，买下它们比买百科全书贵得多。此外，还特别标注，第2版使用了哪些国内外学术社团的交流记录、期刊和回忆录，不同科学领域著名教授的讲座，以及各种原始材料。一丝不苟展示知识和学术的出处、来源，体现出传承性和治学的严谨，同时增加了新作品的可信度。

18世纪90年代，总部设在爱丁堡的不列颠百科分支机构落户伦敦。作为英国的政治、经济、文化、金融中心，全世界博物馆和图书馆数量最多的城市，伦敦在百科全书编辑上提供的便利自不待言。

麦克法卡尔马不停蹄，在第2版付梓后即着手第3版的编辑，直到他于1793年去世。斯特林的苏格兰圣公会牧师，后来成为布雷钦主教的乔治·格雷格（George

《伦敦伯利恒医院内景》。该医院又被称为"疯人院",是英格兰第一家治疗精神疾病的医院。英国著名画家霍加斯于1735年创作的版画,美国国家医学图书馆收藏。

Gleig）接替了主编工作。由教会人员主持重要的知识工程,这在当时一点儿也不奇怪。高级神职人员不但通常以优异的成绩研习过本科七艺和多门研究生课程如神学、法学和医学等,而且还受鼓励用拉丁文、希腊文和希伯来文三种圣经语言来学习。所以,他们通常还有一个身份,那就是学者。

第3版（1788—1797）书名略有变化:《不列颠百科——艺术,科学和杂项文献词典》,加了"杂项文献"几个字。这一加,从10卷变成了18卷,共14 579页。542幅铜版画出自雕刻家和出版人之一的贝尔之手。批评者认为,由于主编缺乏连续性,该版本明显存在遗漏和重复。出版后贝尔买下了整套书的版权。两卷本增刊于1801年出版。

第3版中的新论文包括《气球飞行》《畜牧学》《对数》《多神论》，伊曼努尔·康德（Immanuel Kant）的《批判哲学》和《加尔瓦尼现象》等。后者展示了几年前著名的科学新发现对第3版编写的影响。路易吉·加尔瓦尼（Luigi Galvani）是意大利医生和动物学家，1759年从医，开展解剖学研究。1791年他发表了自己长期从事蛙腿痉挛研究的成果，他认为痉挛起因于动物体自身存在的电，他把这种电叫做"动物电"。这个新奇发现，使科学界大为震惊。加尔瓦尼的发现，引出了伏打电池的发明和电生理学的建立，在科学史上传为佳话。亚历山德罗·伏打（Alessandro Volta）真诚地赞扬说，加尔瓦尼的工作"在物理学和化学史上，是足以称得上划时代的伟大发现之一"。为了纪念加尔瓦尼，伏打把伏打电堆叫做加尔瓦尼电堆，引出的电流称为加尔瓦尼电流。

和以前一样，编者认为重要的主题仍然应沿袭长条目传统，如"法国大革命"50页，"圣经"68页，"显微镜"50页（涵盖仪器的描述和使用），"语言"和"望远镜"均为32页。这一回，主编对"美国"网开一面，使之一跃晋升入长条目行列，达80页之多，内容涵盖殖民地历史和独立战争，以及地理和美洲印第安人。同时，普通的主题仍采用短条目，新的话题如"友谊"和"不忠"开始出现，传记文章的数量和范围都在增加，"马可·波罗"第一次被收录，"但丁"拥有了更多的篇幅。

与以前的两个版本不同，第3版没有罗列参考书籍的清单。这一版首次邀请了外部人撰稿，并在序言中提到了主要贡献者的名字。大多数贡献者都是那个时期杰

《不列颠百科全书》第
3版（1788—1797）1801
年增刊的一页献词。

TO THE KING.

SIR,

IT proceeds from no vain confidence in my
own abilities, that I presume to solicit for this WORK
the Protection of a MONARCH, who is not more exalted
in station, than he is distinguished, among the Poten-
tates of the Earth, by his Taste in Literature, and his
Patronage of Science and the Arts.

IN conducting to its conclusion the ENCYCLOPÆDIA
BRITANNICA, I am conscious only of having been uni-
formly influenced by a sincere desire to do Justice to
those Principles of Religion, Morality, and Social Order,
of which the Maintenance constitutes the Glory of Your
MAJESTY'S Reign, and will, I trust, record Your Name
to the latest Posterity, as the Guardian of the Laws
and Liberties of Europe.

出的苏格兰学者，这个版本是爱丁堡"奥古斯坦时代"的
一个有价值的纪念碑。

保守倾向在第3版达到高峰。主编格雷格牧师（后

为主教）在书前印上给英王三世的题献，开百科全书献媚君主先例。"对这项工作，我想征求您——一位不只有着尊贵的身份，更以对文学的卓越品味和对科学艺术事业的赞助而杰出于世的君主——陛下您的保护。在《不列颠百科全书》的编写结束之时，我意识到自己所做的一切均唯独被一种渴望所吸引，是一种怀着公正客观之心去看待宗教、道德和社会秩序的真切渴望。这组成了陛下您维护强大统治和意志的荣耀，并且我相信，您将因此以欧洲大陆法律和自由的守护者之名被铭记而世代相传。" 格雷格还公开与狄德罗叫板，声言狄德罗的《百科全书》在"斗篷下面暗藏毒箭"。他在献词中写道："法国人被指控，而且理所当然地被指控散播了无政府主义和无神论叛乱的种子。如果《不列颠百科全书》能在任何程度上抵制这种有害工作的倾向，必会为陛下所赞许。"

《不列颠百科全书》和狄德罗的法国《百科全书》同时代出版，后者激进，前者相对保守。定调的当然是主编，其思想和行事风格都会在作品上打下烙印。然而，真正深层的决定因素还是社会环境。

谈到启蒙运动，人们总会第一时间想起法国的启蒙运动，以及启蒙运动的思想巨匠如伏尔泰（Voltaire）、孟德斯鸠（Charles de Secondat, Baron de Montesquieu）、让-雅克·卢梭（Jean-Jacques Rousseau）和狄德罗等。狄德罗是法国朗格勒一位刀匠之子，少时遵从家族规划接受系统的基督教教育，孰料成年后他却义无反顾成为教会的坚定叛逆者。他以半工半读，替牧师写讲道词挣钱交学费，完成了在巴黎大学的学业，获得文学学士学位。1743年他与法国十八世纪启蒙思想家卢梭相遇，1745年应布雷顿之约开始主持编纂《百科全书》（全称《百科全书，或科学、艺术和手工艺词典》）。在此期间，狄德罗写了许多杰出的哲学著作，如《哲学思想录》《怀疑论者的散步》《论盲人书简》等，书中阐发的无神论、自由思想、激进主义，与政教禁戒格格不入。1749年狄德罗被捕，锒铛入狱，被关了三个月。然而，死寂暗沉的囚牢，禁锢不了思想的翱翔。出狱后的狄德罗，决意通过对《百科全书》的编纂出版，掀起一场思想革命。他以《百科全书》为阵地，聚拢起一批学识渊博且志同道合的人士，向反动宗教和社会势力发动猛烈的进攻。这个进步的知识分子团体，史称"百科全书派"，核心是以狄德罗为首的一批启蒙主义思想者，其中不乏如让·隆·达朗贝尔（Jean le Rond d'Alembert）、克洛德-阿德里安·爱尔维修（Claude-Adrien Helvétius）、保尔-亨利·霍尔巴赫男爵（Paul-Henri Dietrich, baron d'Holbach），以及孟德斯鸠、弗朗索瓦·魁奈（François Quesnay）、安内-罗贝尔-雅克·杜尔哥（Anne-Robert-Jacques Turgot）、伏尔泰、卢梭、埃蒂耶纳·博诺·德·孔狄亚克（Étienne Bonnot de Condillac）、加布里埃尔·博诺·德·马布利（Gabriel Bonnot de Mably）等声誉卓著的改革派。在他们看来，这是个受无知和迷信宰割的世界，社会有两股非理性的强大势力，一是天主教廷，一是绝对专制的法国国王，其地位屹立不动，就是因为人民的无知。他们认为迷信、成见和愚昧无知是人类的大敌，主张一切制

度和观点要在理性的审判庭上接受批判和衡量。他们推崇机械工艺，重视体力劳动，孕育了资产阶级务实谋利的精神。

　　法国启蒙运动的伟大成果之一，是诞生了一部非同寻常的百科全书。它突破了人们对百科全书的认知，编纂者把百科全书作为知识汇编，又作为哲学宣言。它打破了教会原本对百科全书的希望：从神学和上帝写起。在这本百科全书里，你会从哪里找到上帝呢？在D（Dieu，神）和R（Religion，宗教）字首的条目下。这是一套以字母为索引的百科全书。光字母排序这个动作，就肆无忌惮地冲撞了号称掌握最高真理的教会，表明了对所有知识一视同仁，给予同样的理性处置。狄德罗亲自撰写了"自由""公民""君主""社会""艺术""农业""科学"等1 200多个条目，达朗贝尔写序，题为《各学科的起源与发展概述》，卢梭主持和编写了政治、经济和音乐方面的条目，伏尔泰写了历史方面的条目。这是一部用来"改变人们思想方法的词典"。百科全书派如是说，也如是写。为了对付审查，编写者避开明处，然后将那些"异端邪说"藏匿于全书各处，针对封建社会的全部意识形态，从政治制度、法律机构、宗教信仰、文学艺术等各个方面进行大规模的批判，宣扬政治平等、思想自由等启蒙思想，提倡科学技术，宣扬人类的物质文明和精神文明的进步与发展，直接为即将到来的资产阶级政治革命制造舆论。例如，谈到"崇敬"，写的是"对真神的崇敬应该不偏离理性，因为神是理性的创始者"。"诺亚方舟"条，劈头就问，"诺亚方舟有多大呢？一定很大很大。它必须容纳不只欧洲所有成双成对的动物，连世上其他品种的动物也得在船上。而且不只是动物，方舟里必须承载许多饲料，动物才能存活。一头羊不够，要养活那对狮子势必得有数百头绵羊。这艘船一定非常巨大，《圣经》却说只要四人便可操控。这些人势必力大无穷、三头六臂！"①写法层层推进，凸显出"诺亚方舟"故事的荒谬。卢梭在"道德与政治"中先期提出了《社会契约论》（*Du Contract Social*）的一些基本主张。书中数十个条目宣扬自然法理论，暗中挑战波旁王朝专制主义的意识形态。书中还时而显露讽刺、辛辣文风。例如，用"私通"一类字眼来解释神学，写"食盐"引伸出对征收消费税的抨击。"卖淫"条目不仅谈娼妓，且大骂御用文人为讨权贵恩宠用笔墨卖淫。普通人的尊严得到确认，狄德罗邀请工匠们口述，记载了许多关于各种技艺和机械的知识。法国《百科全书》第1卷

①约翰·赫斯特. 极简欧洲史［M］. 席玉萍,石晰颋,译. 广西：广西师范大学出版社,2018：65.

于1751年问世，自由思想的光芒，刺痛了政府和教会，打压、政治迫害接踵而来。耶稣会士、詹森派教徒、最高宗教裁决会、巴黎高等法院、御前会议和教皇都公开发出抨击，各色批判文章、册子、图书和官方文告滚滚而来。然而，政府和教会的非议、打压，反而使订户大大增加。《百科全书》于1772年告成。17卷正编，11卷图编。后又编辑了多卷补编和索引。1780年再版时已达35卷。

作为对科学革命的继承，"启蒙"即是思想先驱们欲以知识号召民众，摆脱无知，反对封建奴役、巫术、酷刑以及迷信习俗，用理性之光驱散黑暗，把人们引向光明。它是一场广泛的、超越了地区或民族界限的运动，大潮浪涌席卷了欧洲诸国。当然，各国启蒙运动既属于整个18世纪启蒙运动思想谱系中的有机组成，又由于历史、文化不同而存在自身独有的特点。近年来，苏格兰启蒙运动成为学术界研究的新热点。研究者认为，苏格兰启蒙运动是18世纪的一场思想盛宴，对引领苏格兰和欧洲走向现代化，对现代世界历史进程、现代世界社会格局形塑，具有重大意义。

苏格兰启蒙思想家的代表人物有斯密、休谟、亨利·布鲁厄姆（Henry Peter Bruham）、司各特、亚当·弗格森（Adam Ferguson）等。法国启蒙运动的思想家强调人的理性至上，他们高擎理性之旗，勇敢揭露君主专制，批判以贵族特权为基础的等级社会，反对教会迫害和宗教狂热。他们描绘的未来社会，基本要义是自由、平等和宽容，后来演变成自由、平等和博爱。这是法兰

狄德罗和法国百科全
书派编纂的第1版法国
《百科全书》。

西民族对现代世界的伟大贡献。而苏格兰启蒙运动，
对理性在启动社会变革方面的效能持审慎的看法，认为
"理性"本身在驱动或实现社会变化方面具有局限性，
在"理性"之外还应该承认和尊重社会原有习俗和习惯
的力量；人们的诸多行为是习惯性的，而非深思熟虑之
推理的产物；理性之力弱于习惯之力；个人习惯在风俗
和制度中有其社会对应物；制度是粘性的，抗拒变化。
他们由此得出结论：社会变革是缓慢的，社会变革的原
因是社会性的，而非自觉理性的。苏格兰启蒙运动的思
想家们特别发展了社会的观念，而非政体类型的观念。
他们认为社会是一套复杂的、相互关联的体系，是历史
形塑的产物，社会发展具有历史性即阶段性。人类社会
相继经历了捕猎阶段、畜牧阶段、农耕阶段，最后到达

商业社会。基于此，苏格兰启蒙思想家提出了"商业社会""公民社会"等概念，提出未来社会的基础是市场、法律和道德这三大基本要素。这些现代性的基本理念，亦是苏格兰启蒙运动思想家们对现代社会所作出的非凡贡献。"从这个角度看，现代世界的大部分都带有'苏格兰'的性质。"①

　　苏格兰启蒙运动和法国启蒙运动的差异，一定程度上也映射在反映时代变革的百科全书上，表达有所不同，命运走向亦有所不同。法国《百科全书》高擎自由思想旗帜，讽刺挖苦专制君主和教会的统治，接踵而来的是被打压、政治迫害，主编狄德罗东藏西躲，达朗贝尔则被迫中途退出，《百科全书》不得不转入地下秘密发行，最后10卷还改用了假封面，倒填了出版日期以避过查禁。而《不列颠百科全书》以保守起家，政治上不出大格，还题献当政者，似乎在替当局办一件大好事，从出生起蓄意和政府融洽相处，所以一路顺风顺水。它后来延续250年之久未曾中断，原因很多，但这一"保守"路线也功不可没。

　　《不列颠百科全书》第3版印刷了大约10 000套，"副刊"共售出了13 000本，这个数字使它在当时完全称得上畅销书了。这除了前述原因，似乎还与不同教派主导社会有关。

　　开始于欧洲16世纪的新教宗教改革运动（Protestant Reformation），瓦解了由天主教会所主导的政教体系。新

① 阿瑟·赫尔曼. 苏格兰，现代世界文明的起点[M]. 启蒙编译所，译. 上海：上海社会科学院出版社，2016：2.

教改革的核心教义是反对教会垄断，摆脱教廷的控制。宗教改革领袖马丁·路德（Martin Luther）说，基督徒要自己研读《圣经》，自己跟上帝对话，《圣经》是信仰的唯一准则。那么，如果不能读书识字，怎么读《圣经》、跟上帝对话呢？所以，接受了新教的地方会大举办学扫盲，发展教育。路德派教会从16世纪后期开始，发起多次扫盲运动，鼓励办学。办学不一定是政府或其他组织出资，家庭自己也开展扫盲。"上帝面前人人平等"，加剧了两个欧洲的对立：新教欧洲视书籍为个人解放者，而天主教欧洲以罗马教廷规制的等级秩序组织社会，视书籍为猛兽、挑战者，罗马教廷不希望人们读懂圣经。这样一来，从16世纪中期新教改革之后，比利时、法国、西班牙、意大利等天主教国家的文化和教育发展出现严重倒退，文盲率不断上升；而苏格兰、瑞典、英格兰等新教国家则完全相反，快速发展文化和教育，文盲率大减。到1700年左右，新教国家能读书识字的人群比例已经远高于天主教国家。无疑，这一差异对百科全书的接纳和购买也会产生不同的影响。

# 最真诚的奉承形式

　　《不列颠百科全书》火爆的销售很快引发了盗版。其中最为著名的盗版来自美国。尽管当时美国刚刚通过了版权法，但这个法律并不保护外国出版物。出生在苏格兰的宾夕法尼亚州费城印刷商托马斯·多布森（Thomas Dobson）看到了百科全书潜在的市场价值，他以《多布森百科全书》之名，于1798年盗印出版了18卷第3版《不列颠百科全书》。

　　18世纪90年代，美国的政治和文学精英正在争先恐后获得像《不列颠百科全书》这样的学术著作。虽然美国人已经赢得了政治独立，但开国元勋们无法切断他们与母国和欧洲的知识关系，正是这些关系才能使他们的革命在哲学上成为可能。凭借典型的美国人的聪明才智，多布森逮住了这个市场机会。他钻了一个空子，当时尚未有国际版权保护（国际版权公约《伯尔尼公约》差不多90年后的1886年才诞生），法律上无后顾之忧。他理直气壮地修改未经授权的盗印版，使用更详细的美国地图，以及几篇不那么带有英国视角的文章；部分内容被重写以纠正英国人的偏见；他还自然地删除了

《独立宣言》。油画，画面上居中的是宣言起草委员会的五位成员，从左起分别是：亚当斯、谢尔曼、利文斯顿、杰斐逊、富兰克林。1776年7月4日，《独立宣言》由第二届大陆会议批准，这一天成为美国独立纪念日。特朗布尔创作于1818年，收藏于华盛顿美国国会大厦。

《不列颠百科全书》的献词页面——献给乔治三世国王（*To King George III*），这位国王正是美国人在独立革命中要努力摆脱的羁绊。

多布森称他的套书是第一个《不列颠百科全书》美国版，这是那时在年轻的美国最雄心勃勃的出版项目。印刷过程中伴随着一场大规模的广告宣传活动，美国人以前从未见过这样的活动。多布森还打折出售这套作品，进一步削弱了《不列颠百科全书》原版在美国的潜在市场。多布森盗版版本的拥有者包括：美利坚合众国国父、首任总统华盛顿，美国宪法起草人、美国政党制度的创建者汉密尔顿，以及美国《独立宣言》主要起草人、美利坚合众国第三任总统杰斐逊等。就这样，《不列颠百科全书》以盗版方式进入了美国，并且热热闹闹地站稳了脚跟。对此，有人戏谑道，英国人不得不满足于这最不令人满意的恭维：模仿是最真诚的奉承形式。

爱丁堡的自然科学家和医生詹姆斯·米勒（James

Millar）接任第4版主编。第4版于1801年至1809年出版，20卷，共16 033页，第1卷的扉页是贝尔在1809年去世前写给国王的献词。本质上，它是第3版的修订再版，增加了两卷，包括新的和扩展的论文，增加的页面用于更新历史文章，以及编录更多的传记文章。

米勒煞费苦心地修复了第3版中由于麦克法卡尔过早去世而造成的缺陷。他重新组织了一些材料，以避免遗漏和重复，特别是他试图修复传记中的遗漏。第4版最早出现"阿穆拉特"（Amurath）等奥斯曼苏丹的名字，还有克罗地亚天文学家和数学家鲁杰尔·博斯科维奇（Roger Joseph Boscovich），古希腊医生克劳狄乌斯·盖伦（Claudius Galenus），法国将军拉扎尔·霍奇（Lazarus Hoche），英国学者亨利·萨维尔（Henry Savile）和苏格兰政治经济学家斯密等。"美国"历史写至1800年并引用了美国宪法，而英国的历史写至1803年，印度的历史写至1804年，西班牙的历史写至1809年。关于新主题的条目有"甲壳虫学""哺乳类动物""政治经济学"和"科学，或娱乐"等。一些条目完全重写，如"电流"和"助产士"。一些条目则扩充了篇幅，如"园艺"，在第2、3版原有基础上增加了一个新的部分：按1年12个月份分别罗列了园艺的实用知识。

和第3版一样，在序言中罗列了突出的贡献者，然而具体条目仍然保持匿名。比如，虽然米勒没有说自己写了什么条目，但他很可能已经这样做了。

接下来，第4版改版形成了第5版，至1815年共完成

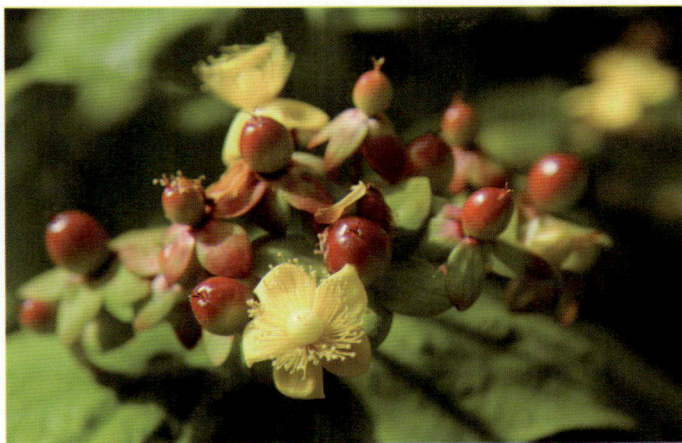

开在爱丁堡街巷的花——金丝蝴蝶。18世纪末，园丁知识等实用知识进入《不列颠百科全书》。欧洲科学革命后，实用知识大量进入"学问"，植物学就是从园丁知识发展而来。

20卷。仍然由米勒主编，并由康斯特布尔出版。贝尔去世后，1814年康斯特布尔以4 500英镑的价格从他的继承人手中买下了他在第3版中的股份。到1820年，第5版明显过时（例如，在"年表"中给出的历史清单的最后一件事发生在1804年）。第6版约16 017页，于1820年至1823年间出版，由《苏格兰人》的首任编辑麦克拉伦主编。该版采取了一种折中的解决方案：基本重印第5版，页码、卷数几乎与其相同。修改主要集中在：在许多有关英国城镇和县的介绍中插入1811年的统计数据，以及删除乡村和主要城市文章的冗余段落，为增加新的历史和地理知识腾出空间；一些科学文章也略微做了修改。与正在同时编写和印刷的"补编"相比，这两个版本的重要性都不大。

值得一提的是第4、5、6版的6卷本补编。英国学者撰写的条目最初是作为对第4、5、6版的补编卷出版的。

补编从1815年到1824年分卷出版。经康斯特布尔推荐，麦维·纳皮尔（Macvey Napier）担任主编，纳皮尔后来成为《爱丁堡评论》的编辑和爱丁堡大学的教授。与纳皮尔作为一名编辑的活力和远见相匹配，他获得了"出版拿破仑"的美誉。纳皮尔的目光越过爱丁堡，放眼更加广阔的地域。他访问了伦敦，并与那里的著名文学人物结成合作关系。

　　补编在多方面都是一个新的冒险：几乎所有的文章都是原创的署名稿件；作者包括当时一些最杰出的英国学者，以及一些法国学者；收录了关于自文艺复兴以来精神和物质哲学进步的三篇重要论文。第1篇论文为《展示自欧洲文艺复兴以来形而上学、伦理和政治哲学进展的一般观点》，由爱丁堡的道德哲学教授杜加尔德·斯图尔特（Dugald Stewart）执笔。由于身体不好，他只完成了第1部分（到17世纪末）和第2部分（18世纪的形而上学）。第2篇论文是《展示自欧洲文艺复兴以来数学和物理科学的发展概况》，作者是爱丁堡大学自然哲学教授约翰·普莱费尔（John Playfair）。第3篇论文由英国皇家学会的化学教授威廉·布兰德（William Thomas Brande）撰写，名为《展示了从早期到18世纪末化学哲学的发展概况》。编者在前言中概述了补编的内容，包括数学、自然哲学、化学、自然历史、医学、艺术与制造、心灵哲学、政治哲学、历史和传记等，而地理、统计、地形等则"占据了目前工作的最大部分"。补编中的所有论文和条目标题都列于第6卷末尾。从补编的内容或可管窥社会出现的变化。旧的知识等级秩序是，神学为王后，下面是法学和医学，然后是人文学科，最底层才是机械技术、农业和造船业。18世纪末、19世纪初自然科学和科技爱好者向传统人文学科的统治地位屡屡发起挑战，旧有的知识等级制度瓦解了。

补编的地理和地形部分包括关于大不列颠和世界各国的描述性条目，以及关于最近勘探的地区和土地的新论文，如《澳大拉西亚》和《极海》。同时，一些关于地理主题的条目摘自同样由康斯特布尔出版的《爱丁堡地名词典》或《地理词典》（1822年）。在第6卷附录的"人口"中，转载了1821年英格兰和威尔士人口普查的政府摘要。新的传记大约有160部，传主主要是在过去30年中去世的人，如维托里奥·阿尔菲耶里（Vittorio Alfieri）、詹姆斯·博斯韦尔（James Boswell）和康德，以及之前一些被忽略的阿拉伯作家。在其他知识领域，都有各种有关新主题的理论与实践的论文，以及在已经熟悉的老主题中注入新信息。补编还提供参考书目。补编本身的实用性相当突出，销售看好。

序言后附有一份72位重要贡献者的签名名单。贡献者中有几个人更喜欢匿名，比如有位匿名者自称"格拉斯哥的绅士，在蒸汽机这个话题上消息灵通"，他主要负责撰写与蒸汽机相关的论文。承担了相当数量条目撰写的两位最杰出的贡献者是詹姆斯·密尔（James Mill）和托马斯·杨（Thomas Young）。哲学家和经济学家密尔负责包括"殖民地""政府"以及新条目"种姓""经济学家""法学""新闻自由"和"国家，法律"

等。托马斯·杨的多才多艺体现在他贡献的条目中："色
彩学""埃及"（包括解释象形文字）、"流体""赫库兰
尼姆""水力""语言""潮汐"和"度量衡"。小说家和
诗人司各特爵士，写了"骑士精神""戏剧"和"浪漫"；
《爱丁堡评论》的弗朗西斯·杰弗利（Francis Jeffrey）承
担了"美""普莱费尔"以及工程师瓦特匿名传记后的
悼词。"聋子和笨蛋""万花筒"和"生理学"由彼得·罗
格特（Peter Mark Roget）撰写。法国物理学家让-巴蒂
斯特·毕奥（Jean-Baptiste Biot）写下了"电""电流"和
"摆"，他的同胞弗朗索瓦·阿拉戈（François Arago）完
成了"光的双折射和偏振"。"人口"由人口学家和政治
经济学家托马斯·马尔萨斯（Thomas Malthus）撰写。大
多数条目都是署名的。当时的随笔作家威廉·哈兹利特
（William Hazlitt）、古典经济学家大卫·李嘉图（David
Ricardo）等都榜上有名。

《不列颠百科全书》已从初创时的一般性文理科词典发展成为一部学术性和工具书性的巨著，执笔者都是当时英国的第一流学者。

# 学术界的"圣经"

　　康斯特布尔于1827年去世。爱丁堡另一位出版人亚当·布莱克（Adam Black）买下第7版《不列颠百科全书》股权并付梓印刷。第7版21卷，总计17 011页，有506幅雕版插图。该版从1830年到1842年分卷出版，额外增加的最后一卷提供了全书通用索引，这是一项有益的创新。自此，索引卷成为所有后续版本的标配，确立了百科全书的基本样式。

　　主编仍是纳皮尔。纳皮尔在序言中描述了第7版和之前版本之间的关系："以前任何版本中的每一篇有价值的文章都在这个版本中重印，且都有更正和修订，而且通常有相当多的增加。"

　　纳皮尔保留了斯图尔特和普莱费尔为补编撰写的论文，但他放弃了布兰德的化学论文。斯图尔特的论文得到了詹姆斯·麦金托什（James Mackintosh）一篇新论文的补充，取题名为《主要展示17世纪和18世纪伦理哲学进步的一般观点》。普莱费尔的论文放在第3篇，爱丁堡大学自然哲学教授约翰·莱斯利（John Leslie）撰写了题为《主要展示18世纪数学和物理科学进步的总体观点》

的论文。这4篇论文填满了第1卷。

　　纳皮尔进一步规定了收录新内容的各个领域，如宗教、哲学、化学、土木工程、亚洲地理学和传记。编辑完前版补编后，纳皮尔对百科全书的内容有了透彻的了解，在编撰中他得到了爱丁堡一位倡导者的帮助，后者还提供了许多署名条目。第7版一个新的发展是在论文中引入了图形，如"几何""力学"和"绘图"，放置在条目内容中的地图，已经足够单独制作一个完整的地图集。

　　前言介绍了包括近170名签名投稿人，还有文章列表（大部分是从以前的版本中转载的）以及作者的名字。司各特的"浪漫"被保留下来，增加了一节关于现代浪漫小说的内容。托马斯·德·昆西（Thomas De Quincey）写了歌德、席勒、教皇和莎士比亚的传记。"字母表"和"古物"是托马斯·霍格（Thomas Jefferson Hogg）的作品。本杰明·海登（Benjamin Haydon）承担了"绘画"，托马斯·汉萨德（Thomas Curson Hansard）提供了"印刷"和"排版"。许多条目，包括大多数较短的文章，仍然没有署名。

　　第8版出现在1852年到1860年，21卷，共17 957页；索引卷约230页。此前，纳皮尔已经去世，新任主编是爱丁堡大学医学法理学教授托马斯·特拉尔（Thomas Traill）。专门的表格罗列了精选的第8版著名贡献者。论文被保留下来，有学者为麦金托什关于伦理哲学的论文撰写了澄清序言。添加了两篇斯图尔特和麦金托什的新论文，之后是理查德·怀特利（Richard

莎士比亚故居。位于伦敦以西180公里的斯特拉特福镇。莎士比亚是英国文学史上最杰出的剧作家，也是欧洲文艺复兴时期最重要、最伟大的作家，当时人文主义文学的集大成者。

Whately）大主教的论文，题为《展示基督教的崛起、进步和腐败的一般观点》。普莱费尔和莱斯利的论文由詹姆斯·福布斯（James David Forbes）的论文补充，涵盖了1850年之前的数学和物理科学。尽管它保留了旧版本的文章，但第8版实现了序言的承诺："修订《不列颠百科全书》，应该比以前任何版本中尝试过的都更彻底。"第8版不仅有许多关于各种主题的新条目，而且较短的未署名文章修改或完全重写的频率比以前高得多。

　　前言包括一份作者及主要论文的分类清单。分类标题分别是："神学和教会历史""哲学本身及其历史""政治和社会哲学""纯数学""自然哲学""自然历史""文献学和历史""传记""地理和地形""美术""有用的艺术"。学者及撰写的新主题包括：大卫·布儒斯特（David Brewster）的"摄影"，约翰·伯顿（John Hill Burton）的"选票"和"共产主义"，威廉·汤姆森［William Thomson，后来的开尔文勋爵（Lord Kelvin）］的"电报""电气"，罗伯特·史蒂芬生（Robert Stephenson）的"铁桥"，沃尔特·白芝浩（Walter Bagehot）的"动产信贷公司"，奥斯丁·莱亚德（Austen Henry Layard）的"尼尼微"，艾萨克·皮特曼（Isaac Pittman）的"速记"，查尔斯·金斯莱（Charles Kingsley）的"海巴夏"和"杨布里科斯"，约翰·赫歇尔爵士（Sir John Herschel）的"气象学"和福布斯的"冰川"。托马斯·麦考利（Thomas Babington Macaulay）免费撰写了约翰·班杨（John Bunyan）、奥利佛·高德史密斯（Oliver Goldsmith）、塞缪尔·约翰逊（Samuel Johnson）和威廉·皮特（William Pitt）的传记。四位美国撰稿人中，爱德华·埃弗里特（Edward Everett）写了"华盛顿"，历史学家塞缪尔·埃利奥特（Samuel Eliot）写了"美利坚合众国"。

贝恩斯（T. S. Baynes）接任了第9版主编。他是圣安德鲁斯大学逻辑学、形而上学和英国文学教授，也是一位莎士比亚学者。他策划了这个版本，写了关于莎士比亚的文章，并一直持续工作至1887年去世。第9版有24卷正文，外加索引1卷，1875年至1889年间相继出版。索引卷的末尾是贡献者列表，以及他们在所写文章上的签名缩写。此外，在每卷的开头都有一份包含主要文章的目录及作者姓名。论文全部被放弃。首次在人物传记中加入了生卒年，首次列出参考文献目录。前4卷之后，每卷的彩色地图几乎占据整个版面，而其他插图则是图文混排。

从1881年起，威廉·史密斯（William Smith）担任联

1846年的法国漫画。画家笔下的法国天文学家勒威耶发现了海王星，而英国天文学家亚当斯则注视着勒威耶。1846年9月23日德国天文学家伽勒按照勒威耶计算预测的方位观察到了海王星，但与亚当斯预测的位置相差10°。

合主编。史密斯是一位闪族学者，他曾在《不列颠百科全书》撰文中，特别是在1875年发表的文章《圣经》中表达了对旧约进行批评的激进观点，因而被解除了在阿伯丁的自由教会学院的主席职位。贝恩斯预见到可能出现的麻烦，他在简短的预告中说："对尚处于争议中的有关科学、宗教和哲学问题，《不列颠百科全书》不需要直接参与。它的主要职责是对每个主题提供准确的事实和公正的总结。"

第9版引入了不同的主题分组，因此，第9版看起来更像是一部新作品就不足为奇了，尽管它仍然包含了一部分过去遗留下来的材料。只有麦考利的作品被完整继承下来。英国生物学家托马斯·赫胥黎（Thomas Henry Huxley）帮助该版进行了科学方面的重新规划。史密斯在索引卷开头的序言中提到了编辑人员，提到他们努力工作，以协调和确保全书的"准确性和充分

版画。画家韦尔什创作于1887年。19世纪的英格兰伦敦，民众聚集在维多利亚港，抬头欣赏以前从未见过的电灯。收藏于民众博物馆。

性"。他和贝恩斯两人的名字出现在贡献者名单中。

这份约1100名贡献者的名单包括来自美国的70多名学者和来自欧洲大陆十几个国家的约60名学者，还有几名加拿大和澳大利亚学者，以及1名来自新西兰的学者。第9版以"学者版本"著称，当时最受推崇的学者都受到邀请撰稿，因此加入了更多著名作者写的深奥的学术文章，奠定了《不列颠百科全书》成为世界上最重要的工具书之一的基础。第9版被认为是英语百科全书历史上的巅峰，甚至成为学术界的"圣经"，当时英国人认为该书的权威性"仅次于上帝"。这一版仅在英国就卖出了8 500多套。

看看以下部分作者及所撰写条目，便知此言不虚：

乔治·古迪（George Brown Goode）写了"养鱼"和"牡蛎"；威廉·惠特尼（William Dwight Whitney）写了"文献学"（部分）和"约西亚·惠特尼（Josiah Dwight

Whitney）""加利福尼亚";阿道夫·哈纳克（Adolf von
Harnack）写了一些早期基督教主题；彼得·克鲁泡特
金（Pyotr Kropotkin）负责许多俄罗斯地理和地形条
目；尤利乌斯·威尔豪森（Julius Wellhausen）写了圣经
主题，包括"五经"和"七十"。一些著名的英国贡献者
（第一次有了女性）及新撰条目包括：威廉·德维弗莱
斯·阿伯尼（William de Wiveleslie Abney）的"摄影"；
托马斯·阿诺德（Thomas Arnold）的"英国文学"；亚历
山大·布坎（Alexander Buchan）的"大气"和"气候"；
阿瑟·凯莱（Arthur Cayley）的"曲线"和"方程"；西德
尼·科尔文（Sidney Colvin）的"波提切利""杜勒"和其
他艺术家传记；约翰·德雷耳（John Louis Emil Dreyer）
的"天文台"和"时间"；詹姆斯·弗雷（James George
Frazer）的"伯里克利""执政官""禁忌"和"图坦主
义"；加内特的"选集"和"黑兹利特"等文学传记；加
德纳的"白金汉公爵"和"蒙特罗斯侯爵"；埃德蒙·戈
斯（Edmund Gosse）的"牧歌"，以及"挪威"和"瑞
典"等的文学部分；托马斯·赫胥黎的"动物王国"，以
及"生物学"和"进化"后两部分；杰布的"阿里斯托
芬""修辞学"等；朗的"莫里哀""故事"和"宙斯"；
约翰·莫利（John Modey）的"梅奥伯爵六世理查德·伯
克"；威廉·莫里斯（William Morris）的"壁画装饰"；
马克·帕蒂森夫人（Mrs. Mark Pattison）的"格鲁兹"和
"英格利斯"；威廉·皮特里（William Flinders Petrie）
的"金字塔"和"度量衡"；雷利勋爵（Lord Rayleigh）
的"光学"；威廉·罗塞蒂（William Michael Rossetti）

的"雪莱"和艺术家的传记,包括"提香""穆里略"和"罗布斯提";乔治·塞恩斯伯里(George Saintsbury)的"迪福""安东尼· 特罗洛普"和法国作家的传记,包括"蒙田"和"伏尔泰";威廉·肖(William Napier Shaw)的"电解";亨利·西季威克(Henry Sidgwick)的"伦理学""招魂";史密斯的"圣经"及相关主题;阿尔加侬·斯温伯恩(Algernon Charles Swinburne)的"济慈""苏格兰女王玛丽""马洛""图尔努尔"等;瓦尔特·斯基特(Walter William Skeat)的"朗兰";约翰·西蒙兹(John Addington Symonds)的"文艺复兴"等;西奥多·沃茨(Theodore Watts)的"诗歌""罗塞蒂"等。

第9版和随后的第10版由于扩大了条目范围,除英国人外还约美国人和欧洲人撰稿,因而提高了百科全书的国际学术地位。

1897年,美国出版发行人贺拉斯·胡珀(Horace E. Hooper)和沃尔特·杰克逊(Walter M. Jackson)合资成立了一家公司,得到授权以印刷和出售5 000套第9版《不列颠百科全书》,并与伦敦泰晤士报(*Times Of London*)签约,后者为该书的销售做广告,从销售收入中分成。实际上,在签订重印合同的前些年,胡珀已经做起了第9版的盗版生意。他的广告并没有掩盖这样一个事实,他同时也卖以前盗版印刷的百科全书。

19世纪,西欧尤其是法国涌现出众多大文学家、大艺术家,如奥诺雷·德·巴尔扎克(Honoré de Balzac)、伏尔泰、古斯塔夫·福楼拜(Gustave Flaubert)、维克

伦敦。18世纪90年代，总部设在爱丁堡的不列颠百科分支机构落户伦敦，20世纪初，版权转移至美国后，不列颠百科仍在芝加哥和伦敦两地长期分设编辑部。

多·雨果（Victor Marie Hugo）、爱德华·马奈（Édouard Manet）、保罗·塞尚（Paul Cézanne）、奥斯卡-克洛德·莫奈（Oscar-Claude Monet）、皮埃尔-奥古斯特·雷诺阿（Pierre-Auguste Renoir）、保罗·高更（Paul Gauguin）等，他们创作的大量作品流传世界各地。1878年，法国作家雨果在巴黎主持召开了一次重要的文学大会，建立了一个国际文学艺术协会。1883年该协会将一份经过多次讨论的国际版权保护公约草案提交瑞士政府。瑞士政府于1886年9月9日在伯尔尼举行的会议上将该草案予以通过，定名为《保护文学和艺术作品伯尔尼公约》（Berne Convention for the Protection of Literary and Artistic Works，简称《伯尔尼公约》）。发起签字国有英国、法国、德国、意大利、瑞士、比利时、西班牙、利比里亚、海地和突尼斯10国。美国也派代表参加了大会，但因当时美国出版业远不及英法等欧洲国家发达，参加公约对美国不利,所以美国代表便以该条约中许多条款与美国版权法有矛盾,得不到美国国会的批准为借口,拒绝在公约上签字。直到1988年10月美国国会通过加入《伯尔尼公约》的议案,12月罗纳德·里根(Ronald Wilson Reagan)总统签署加入的批准书,1989年3月1日《伯尔尼公约》才对美国生效,美国成为该条约第80个成员国。在这一渐进的过程中,美国国内法律制约力度越来越强,盗版的风险越来越大。

胡珀通过签约,取得了第9版复制的法定许可。他用打折和分期付款等方式打开了销路。这是分期付款首次用于图书销售。1899年他开始在英国和美国同时制作补编。1901年胡珀和杰克逊从布莱克手中购得《不列颠百科全书》的全部版权后,该书的所有权永久性转移到美国。

第10版1902年至1903年出版,在第9版基础上增补了11卷,补充卷编号从第25卷到第35卷。第34卷是含有地名词典和120多幅地图的地图集,第35卷包含34卷的组合索引、贡献者列表,表中首次出现了"X.",用以表示匿名贡献者,第9版主编布莱克以及《泰晤士报》也都名列其中。标题页的开头是:"《不列颠百科全书》的新卷,与第9版的现有卷结合在一起构成该作品的第10版,还提供了一个新的、独特的和独立的参考资料库,收纳最近的事件和发展。"

胡珀大刀阔斧干开了。他大大扩展了第10版的编辑团队,包括3位主编:华莱士爵士(Sir Donald Mackenzie Wallace)、亚瑟·哈德利(Arthur T. Hadley)和胡格·奇

斯霍尔姆（Hugh Chisholm），19位部类编辑如传记的理查德·加内特（Richard Garnett）和文学的爱德蒙·戈塞（Edmund Gosse）等，以及4位助理编辑，其中一位是胡珀的兄弟，他在纽约的办公室控制着美国的编辑工作。其时，英国编辑部已从爱丁堡迁至伦敦。

增补的第26卷到第33卷，打头都是一篇关于现代世界某一方面发展的概述性文章。其中包括爱德华·戴西（Edward Dicey）的《近期政治进展的一般调查》（Vol. 26），莱斯利·斯蒂芬（Leslie Stephen）的《容忍的增长》（Vol. 28），奥古斯丁·比雷尔（Augustine Birrell）的《文学生产的现代条件》（Vol. 30），格林伍德的《商业对国际冲突的影响》（Vol. 31）和卡尔·皮尔逊（Karl Pearson）的《现代国家中科学的功能》（Vol. 32）。新卷的撰写约请了近900名新的贡献者。由于预计美国读者将在百科全书的用户中占很大比例，因此第10版中的美国贡献者比第9版的美国贡献者要多得多。一些最著名的撰稿人及所写条目有：查尔斯·艾略特（Charles William Eliot）的"灰"；艾尔弗雷德·哈姆斯沃思（Alfred Harmsworth）的"报纸"；弗里乔夫·南森（Fridtjof Nansen）的"格陵兰"和"极地地区"；伯特兰·罗素（Bertrand Russell）的"几何"；约瑟夫·汤姆逊（Joseph John Thomson）爵士的"电"和"磁光"等。

第10版打下了美国人的思维烙印：第一次引入了在世人士的传记文章，不仅有国家元首，还有各行各业的显赫人物。早期的移民将欧洲文化带入美国，而在新大陆的拓荒、征战过程中，有着鲜明特点的美国文化很快形成，包括重视个体、崇尚竞争、讲求实用，强调自我设计、个人奋斗、实现个人价值。所以，在编辑者看来，逝去或在世不是问题，什么职业也不重要，其人其事够伟大才是立传标准，而这是理所当然的事。

# 极地探险的"救生艇"

1909年，在杰克逊和胡珀之间发生了一场诉讼，于1903年已经启动的第11版被迫搁置。胡珀决心花足够的钱来确保出版物真正具有最新的内容，而杰克逊则希望尽可能以最大比例继续保留第9版和第10版的文章，以节省成本。《泰晤士报》因这场诉讼取消了与他们的合作合同。而且，那时即使有《泰晤士报》这样的后台支持也没有让百科全书经济状况好转。当时坊间流行一句笑谈：《泰晤士报》在《不列颠百科全书》之后，而《不列颠百科全书》在时代之后。

胡珀这时鼓动如簧巧舌，游说剑桥大学接手，后者也兴味盎然。双方一拍即合。第11版的编辑工作由剑桥大学接手，该版1910年至1911年由剑桥大学出版社出版。

剑桥大学是英语世界最古老的大学。至20世纪早期，七百年校史已经汇聚了艾萨克·牛顿爵士（Sir Isaac Newton）、开尔文勋爵、詹姆斯·麦克斯韦（James Clerk Maxwell）、尼尔斯·玻尔（Niels Henrik David Bohr）、马克斯·玻恩（Max Born）、查尔斯·达尔文（Charles Robert

剑桥大学的学院、研
究所、图书馆和实验室
等散落在剑河（又译康
河）两岸。

Darwin）等科学巨匠，约翰·弥尔顿（John Milton）、乔治·拜伦（George Gordon Byron）、阿佛烈·丁尼生（Alfred Tennyson）、培根、罗素等文哲大师，它在许多领域拥有崇高的学术地位及广泛的影响力。剑桥大学还有馆藏逾1 000万册的图书馆系统，以及全球最古老的出版社剑桥大学出版社。后者也是世界顶级教育和学术出版机构。《不列颠百科全书》绝处逢生，在浓郁的学术氛围中，呈现出勃勃生机。

第11版共29卷，另加3卷补编。这一版首次做到了所有卷同时出版。其创新之一是在第29卷插入了一个分类目录。它类似一个纲要，将那些对于理解一个给定主题所必要的文章归集在显要的标题下，并标注出众多交叉参见。显要标题有20多个，是第8版的两倍多，分别为：人类学和民族学；考古学和古物学；艺术；天文学；生物学；化学；经济和社会科学；教育；工程；地理；地质学；历史；工业、制造业；语言和写作；法律和政治学；文学；数学；医学；军事和海军；哲学和心理学；物理、宗教和神学；体育和消遣；杂项（细分为：年代学；服装和卫生等）。第11版的许多文章，无论是署名的还是未署名的，是第9版或第10版中内容的摘录，有的一字不变，有的经过编辑修改。此外，还有许多新条目，以及为较早条目增加了新章节，这些条目比以前更详细地涵盖了过去的历史。这一版延续了第9版倚重学者的传统，聚集了来自许多国家的杰出学者的合作成果，其中包括：亚瑟·爱丁顿（Arthur Stanley Eddington）写了"星云"；冯·赫格尔男爵写了"圣约翰福音"；简斯写了"分子"；约瑟夫·李斯特（Joseph Lister）写了"迈切托娃"；欧内斯特·卢瑟福（Ernest Rutherford）写了"放射性"。英国生物学家托马斯·赫胥黎、数学家和哲学家阿尔弗雷德·怀特海（Alfred North Whitehead）、诗人斯温伯恩以及俄国革命家克鲁泡特金等撰写的条目也列入第11版中。文本的一个显著特点是附有有价值的参考书目，以帮助感兴趣的读者进一步研究。第11版被认为是学术与文学风格的标志性百科全书。为适应北美市场需要，《不列颠百科全书》的条目内容慢慢变得精简起来，这一版的文章不像过去那么长，但依然非常完整，既保持学术严谨，也提高可读性。它被认为是一个经典版本。

第11版数十卷一次出齐，"印在薄而结实的不透明印度纸上，每一卷只有一英寸厚"。百科全书尽可能全面汇集知识，随着时光的推移，百科全书的身形越来越宏伟，大篇幅、高厚度成了它的外形特征。如何既做到知识全面，又减轻书籍的厚度和重量，成为百科全书编纂、出版的重要问题。除了行文更加精炼外，印制材料的考究也成为题中之义。剑桥大学出版社及其纸张供应商使用印度纸的造纸方式，制作了专用纸，使《不列颠百科全书》重量减轻，面貌焕然一新。印度纸是一种优质纸，因仿制从印度次大陆进口的，1875年出产的高级纸而得名。它以漂白的大麻茎皮和碎布纤维为原料，极薄，结实、不透明，光滑细腻如麂皮。基重20磅，1 000页厚度仅一英寸。印度纸的特殊原料大麻为一年生直立草本植物，原主要产于印度、不丹和中亚细亚，茎皮纤维长而坚韧，可织麻布或纺线，制绳索，编织渔网和造纸，其果实有毒，可以配制麻醉剂。印度纸因印刷圣经而流行起来，圣经也可以做得相对较小和轻巧，同时仍然清晰易读。印度纸也经常被用来做邮票样张。

用印度纸印制的第11版，还曾伴行了20世纪人类一次伟大的探险传奇。

1914年8月，英国探险家欧内斯特·沙克尔顿（Ernest Shackleton）率领28人探险队，乘坐"持久号"（Endurance）探险船启程前往南大西洋，试图首次徒步穿越南极大陆。然而，在穿过冰冻的威德尔海后，"持久号"却困于浮冰区中无法脱身。10个月后，探险船被浮冰彻底挤碎，沙克尔顿带领队员在浮冰上奋力求生。1916年5月至8月，他们才陆续脱困获救。这一历经700个日夜、空前绝后的极地探险和生还奇迹，被称为人类伟大的生存史诗。在沙克尔顿等的记述中，他称《不列颠百科全书》扮演了"救生艇"的角色：

英国南极探险家沙克尔顿带领的船队"持久号"在南极遇险，船只被浮冰所困，部分船体已经下沉。事件发生时间约于1915年10月至11月之间。沙克尔顿以带领"猎人号"船于1907年至1909年向南极进发和1914年至1916年带领"持久号"船的南极探险经历而闻名于世。澳大利亚摄影师赫尔利摄于1915年。

　　布莱克博罗在船上躲藏起来时只有18岁，他希望能找到一份工作和一个冒险机会，却被噩梦取而代之。他以非凡的勇气接受手术治疗，甚至在要求吸烟的时候勉强笑了一下。蜡烛照明的"手术室"只不过是两艘翻转的救生艇。外科医生詹姆斯·麦克罗伊博士（Dr. James McLlroy）截去了布莱克博罗左脚上坏死的黑色脚趾。对于他索要的香烟，系麦克罗伊从船上的《不列颠百科全书》中的一卷撕下一页卷成。船在冰冻水域被压碎之前，船员们抢救出了这套百科全书，这些人已经被迫在浮冰上生活了5个多月。医生在纸上装满烟草，并把它卷成一支香烟。升起的烟雾来自混合燃烧着的烟草和纸——后者是一种特殊的"洋葱皮"——"印度纸"，作为《不列颠百科全书》第11版的新奇用品，用于减少百科全书印刷品不断增加的重量。这烟雾在狭窄的区域中像麻醉剂一样，抚慰着患者和他同样压力巨大的同伴。《不列颠百科全书》展示了整个文明，将它从大海中抢救出来，仿佛留住一种神奇持久的力量。它的存在，无论是具体的抑或是象征意义的，都给船员们带来了文化和文明的力量。他们做对了这件事，百科全书成为一艘至关重要的"救生艇"，在船员们的生命遇到最大磨难时，让他们从社交上和心理上保持活力，使他们的精神保持敏锐。百科全书中关于国际象棋的文章教会了几个人如何玩这个游戏，这有助于消磨时间。百科全书经常充当大大小小问题辩论的仲裁者。由于某种原因，《不列颠百科全书》关于"金钱"的条目有一天引起了相当大的争吵，这些人最终得出结论，百科全书因为与他们的观点不一致，肯定是错误的。当辩论的双方都被证明是错误的时候，他们联合起来宣布这本书不对。另一方面，百科全书里探险家弗里南森和贾马尔·约翰森（Hjalmar Johansen）的条目，记录了他们是如何在北极地区靠吃北极熊和海象肉存活，这让船员们放心了。在持久而艰辛备尝的航程期间，这部百科全书被用来做很多事情，但是船员们几乎没有预料到会用它卷烟。①

英国人认为，从《不列颠百科全书》当时在行文中所体现的力量和信心，可以看到爱德华七世时代作为大英帝国鼎盛时期，人们所具有的旺盛的乐观主义精神。而有意思的是，爱德华七世本人，这位也曾在剑桥大学就读、1901—1910年在位的大不列颠及北爱尔兰联合王国国王及印度皇帝，在《不列颠百科全书》印刷品上却不见踪迹。第11版恢复了第3版献词国王的做法，这次献给了下面两位：美国总统威廉·塔夫特（William Howard Taft）和英王乔治五世（George V）。此后，这种双重奉献成为后来历版常例。例如，1993年《不列颠百科全书》第15版修订版的题献是："谨以本书献给美利坚合众国总统克林顿和英国女王伊丽莎白二世陛下。"

1913年，《不列颠百科全书年鉴》出版。它标注有"不列颠百科全书公司，伦敦，纽约"字样，表明编辑工作同时在英国和美国两地进行。严格地说，这不是一本标准的年鉴，因为它涵盖了1911年和1912年两年，先是

---

① Encyclopædia Britannica，Inc. Encyclopædia Britannica Anniversary Edition [M]. Encyclopædia Britannica, Inc., 2018：720.

1933年，福特站在他1896年制造的第一辆汽车——"四轮车"和福特T型车（1908年推出）旁。福特T型车以其低廉的价格使汽车作为一种实用工具走入了寻常百姓家，美国因此成为"车轮上的国度"。该车以流水装配线大规模作业代替传统个体手工制作，不但是工业生产的巨大革新，而且对现代社会和文化产生了深远影响。

年表、大事记，接下来是关于各种国际和一般主题的文章，然后是关于大英帝国、美国和其他国家的文章。接着是统计数字，包括美国第63届国会议员名单和1908年、1912年美国总统选举的选票统计等，最后是索引。

　　19世纪末、20世纪初，围绕殖民地和世界霸权，欧洲列强的争斗公开化、白热化，各国关系错综复杂。1914年6月28日，塞尔维亚国庆日，萨拉热窝街头响起枪声，塞尔维亚青年加夫里洛·普林西普（Gavrilo Princip）将正在萨拉热窝视察的奥匈帝国皇储弗朗茨·斐迪南（Franz Ferdinand）大公夫妇击毙，改变了塞尔维亚的命运，改变了世界历史的进程。一个月后，奥匈帝国在德国支持下，向塞尔维亚宣战。接着德、俄、法、英等国相继投入战争，第一次世界大战爆发。战争主要在欧洲战场进行，支持协约国的美国也投入了战斗。

第一次世界大战阻碍了更多出版物出版，但在1915年至1916年，胡珀仍然推出了第11版的缩印版，即《袖珍版不列颠百科全书》（*Encyclopædia Britannica Handy Volume Issue*），他说服芝加哥西尔斯公司的董事长朱利斯·罗森沃尔德（Julius Rosenwald），借助西尔斯公司的商品邮购目录来推广、销售和收款，从而将影响辐射至广大公众。每套售价预付5美元，余款分54次等额付清。

1918年底第一次世界大战结束时，胡珀曾试图通过鼓动英国学术机构的支持，将不列颠百科全书公司改变为公共机构，但以落空告终。

而销售的大获成功，令西尔斯公司最终下决心买下《不列颠百科全书》的所有权。1920年，胡珀的公司被西尔斯-罗巴克公司收购。胡珀仍为出版人，他立即启动了新版事务，可惜在1922年即将告成前夕撒手西归。

第12版最终由伦敦的奇斯霍尔姆和纽约的富兰克林·胡珀（Franklin Hooper）担任主编，由第11版加上3部新卷构成，1922年出版。新卷编号为30—32。新3卷的索引和贡献者名单附于第32卷末尾。该版本提供了"由精心挑选的权威机构对1910年至1921年世界各地事件的国际盘点，以及对这一时期主要知识分支取得进展的准确概述和点评"。贡献者名单扩大了，包括诸如来自捷克斯洛伐克的托马斯·马萨里克（Thomas Masaryk）这样的政治家。出版人是胡珀的姐夫威廉·考克斯（William Cox），他和胡珀的遗孀于1923年从西尔斯-罗巴克公司手中买回了这部百科全书的所有权。

第13版1926年出版。同样由第11版加上3卷新编构

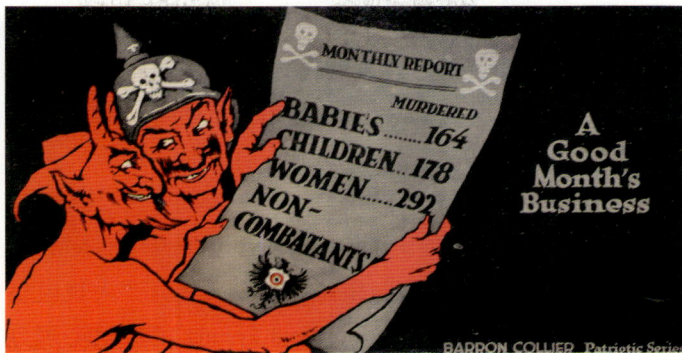

第一次世界大战期间美国的反德海报。描绘了威廉二世化身恶魔形象，正看着杀人数量的月报表。1918年。收藏于华盛顿美国国会博物馆。

成。新卷编号为29—31，第11版第29卷成为第13版第32卷，包含了第11版的索引及新3卷索引、文章分类列表和贡献者列表。富兰克林·胡珀仍然是美国的主编，但是当时奇斯霍尔姆去世了，考克斯选择了《观察家报》编辑加尔文（J. L. Calvin）作为伦敦的主编。

其时，第一次世界大战已经结束。4年中有30多个国家卷入战争。主战场欧洲大约有6 500万人参战，1 000多万人丧生，2 000万人受伤。战争给人类带来空前的浩劫，给参战各国带来巨大的灾难；同时，客观上促进了科学技术的发展。交战各方为了战争目的进行国家总动员，投入大批研究人员和学术机构进行科学研究。第一次世界大战中，各种新式武器如飞机、毒气、坦克、远程大炮等相继投入战争，刺激和带动了光学、声学、化学、无线电、分子材料等科学的突破。心理学家还为200万美国士兵做了智力测试。战争最惊人的结果之一，是国家给予科学和研究前所未有的重视。

新版主创人员决意将更多篇幅及条目给予科学，而

"那些适合于文学描述的生活和思想方面"的条目和篇幅有所减少。编辑者声称其目的是绕开1910年至1925年间"战争的细节",展现人类在科技进步方面的真实情况,并恢复被战争摧毁的国际合作。

贡献者包括玻尔,写了"原子";居里夫人(Marie Curie),写了"镭";阿尔伯特·爱因斯坦(Albert Einstein),写了"时空";亨利·福特(Henry Ford),写了"大规模生产";西格蒙德·弗洛伊德(Sigmund Freud),写了"心理分析";萧伯纳,写了"社会主义:原则和展望";列夫·托洛茨基(Leon Trotsky),写了"列宁"。这一版对这一时期真正值得称道的事件和发现给予更多的国际报道。

而这些科学家撰写者及他们的发现,确实具有划时代的意义。玻尔,丹麦皇家科学院院士,由于原子结

居里夫妇在室验室。1903年,居里夫妇在对放射性的研究中发现元素钋和镭,因此获得诺贝尔物理学奖。1911年,居里夫人再次获得诺贝尔化学奖,成为世界上第一位两获诺贝尔奖的人。在法国,镭疗术被称为"居里疗法"。镭的发现在科学界爆发了一次真正的革命。

构理论的贡献于1922年获得诺贝尔物理学奖。"玻尔理论"的提出，打破了经典物理学一统天下的局面，开创了揭示微观世界基本特征的前景，为量子物理理论体系奠定了基础。爱因斯坦评价说，玻尔的电子壳层模型是思想领域中最高的音乐神韵。居里夫人，出生于波兰的法国物理学家、化学家，她研究放射性现象，发现镭和钋两种天然放射性元素，被称为"镭的母亲"，奠定了现代放射化学的基础，一生两度获诺贝尔奖（第一次获得诺贝尔物理学奖，第二次获得诺贝尔化学奖）。爱因斯坦由衷赞叹，在所有著名人物里面，居里夫人是唯一没被盛名宠坏的人。弗洛伊德，奥地利心理学家、精神分析学派创始人，开创了潜意识研究的新领域，奠定了现代医学模式的新基础，为20世纪西方人文学科提供了重要理论支柱。爱因斯坦，犹太裔物理学家，因提出光子假设，成功解释了光电效应而获得1921年诺贝尔物理学奖。1905年，他创立狭义相对论，1915年创立广义相对论，开创了现代科学技术新纪元。

尽管新编3卷收纳了更多科技新进展，然而继续重印过时的第11版，即使有补充，也显得不合时宜。考克斯决定在西尔斯的资助下，制作整部作品的修订版。但是，在实际操作中所需资金是如此巨大，以至于西尔斯-娄巴克公司在1928年又买回了不列颠百科全书公司，但保留了考克斯作为出版人。此时，公司的主要业务已从英国转至美国。

# 跃升世界标杆

　　世界在迅速变化，这意味着没有一个编辑能够拥有组织整个人类知识领域全部知识的本领。第14版展开工作时，在伦敦和纽约有50多名编辑就各自负责的主题提供建议，而协调工作则由两地办公室的工作人员执行。加尔文是伦敦主编，富兰克林·胡珀是美国主编，考克斯的儿子沃伦·考克斯（Warren E. Cox）担任了艺术总监。

　　1929年9月，第14版全面修订后出版。此版共24卷。新版在内容范围和构建方法上都有了新的变化。和保守的英国人的做派截然不同，百科全书在美国人手中，文章开始瘦身，信息更新速度加快。第14版序言陈述了编辑者寄予此书的四大理想：促进国际理解；加强英语国家人民之间的联系；促进对科学的兴趣和支持；为子孙后代总结这个时代的思想。新加入作者包括吉尔伯特·切斯特顿（Gilbert Keith Chesterton），写了"查尔斯·狄更斯"；简·斯穆茨（Jan Smuts）写了"整体主义"；康斯坦丁·斯坦尼斯拉夫斯基（Konstantin Stanislavsky）写了"剧院"等。

　　百科全书以传统的方式待在商品目录上，销量萎靡不振。于是，公司成立了直销团队，走街串巷上门推介，之后销量直线上升。当时的另一项重大创新是确立持续修订。这一次新版出版后没有遣散编辑人员，公司总部从纽约搬到芝加哥之后，开始设立固定的编辑部门，采用连续修订制。因此，第14版是首部采纳"连续性修订"制，即不断再版并且定期更新条目的综合性百科全书。当时普遍认为，连续修订政策的采用，意味着在第14版之后，将不再有"新版本"。从1929年至1974年，第14版是延续时间最长的版本。

1929年底，美国遭遇空前严重的经济大萧条，一个月之内纽约证券交易所股票价格下跌40%以上，证券持有人损失达260亿美元。至1932年，银行破产达101家，企业破产109 371家①。工、农、商业萎缩，物价飞涨。不列颠百科的修订举步维艰，进展缓慢。

1936年，不列颠百科全书公司创建了图书馆研究服务部，实际就是客户服务部，目的是在经济大萧条的艰难日子里刺激销售，让百科全书吸引大众阅读的视线。服务部成员全是女性，都受过大学教育。她们中的许多人拥有研究生学位。部门收到了关于所有可以想象得到的话题的询问——从性到股票市场，作为回报，她们给每位询问的读者回复一份个性化的报告。这些报告有的多达20 000字，包括了当时权威的、引领性的最新研究成果。所有资料都被煞费苦心地精选、摘录，重新打印制成一份报告，然后补充进参考书目，以促进使用者进

---

① 宋则行，樊亢. 外国经济史：第3册［M］. 北京：人民出版社，1981：46.

一步阅读和研究。这项服务非常受欢迎。尤其是在大萧条时期，当人们知道有那么一些人"在那里"每天全力以赴满足他们的需求，在艰难时期回答他们的问题时，这让他们倍感欣慰。对于《不列颠百科全书》来讲，没有什么提问是太小，太蠢，或者太微不足道的，对任何问题都会给出一份深思熟虑的、符合个人需要的报告数量。事实上，这项服务变得如此受欢迎，以至于公司很快就不得不采取措施限制顾客提问的数量。每套《不列颠百科全书》印刷品都附赠50张涂胶的优惠券，以50的额度限制读者在10年的时间里能享有的反馈报告数量。这些女性工作人员后来被称为不列颠百科"答案女孩"，她们乘火车从一座城市到另一座城市，从一个图书馆到另一个图书馆，走遍美国各个地区。20世纪50年代，这一部门已拥有100名女性工作者，每年制作上万份报告，为公司带来了公共资源。该部门获得了非常多的媒体关注——经常以"不列颠百科：智慧和美丽！"为题闪耀在报纸头条。而该部门主任弗吉尼亚·斯坦伯格（Virginia Stenberg）成为了众多新闻报道和采访的焦点人物。1957年凯瑟琳·赫本（Katharine Hepburn）和斯宾塞·特雷西（Spencer Tracy）主演的电影《电脑风云》，灵感即来自不列颠百科的图书馆研究服务部。赫本扮演研究部的部门主管，在剧中与扮演以不列颠百科斯坦伯格为原型的角色的特雷西演对手戏。

1941年12月7日，美国人尚在周末的慵懒中酣睡，日本帝国海军350余架飞机悄然出现在美国珍珠港海军基地上空，投下穿甲炸弹，并向美国的战列舰和巡洋舰发射鱼雷。美军毫无防备，在爆炸的巨响中醒来，仓促进行自卫。两波先发制人的袭击在90分钟内结束，彼时，日本炸沉了美军4艘战列舰和2艘驱逐舰，炸毁188架飞机，受损的建筑、船只和飞机则更多。攻击中约有2 400名美国人丧生，另有1 250人受伤。攻击过后，日本正式向美国宣战。偷袭珍珠港事件极大地震惊了保持"中立"的美国，次日，美国总统罗斯福发表了著名的"国耻"演讲，随后签署了对日本的正式宣战声明。几日之内，纳粹德国与意大利向美国宣战，而美国也迅即予以宣战回应。第二次世界大战之太平洋战争全面爆发。战争的阴影笼罩了整个40年代，百科全书的修订工作几乎中止了。直到20世纪50年代中期，重塑百科全书才又重新提上日程。

第二次世界大战在客观上推动了科学技术的发展。战争不仅为科学家提供了创新的灵感，比如，美国

珍珠港。白色船形"亚利桑那"纪念馆是1941年日本偷袭珍珠港，美国战列舰"亚利桑那"号及舰上1 177名官兵海底长眠处。1945年9月日，标志着第二次世界大战结束的日本无条件投降的签字仪式，在战列舰"密苏里"号主甲板上举行。1999年，"密苏里"号战舰作为博物馆舰，永久停靠和守护在"亚里桑那"旁。

《格尔尼卡》。油画，毕加索创作于1937年。该画以德国战机轰炸西班牙格尔尼卡为背景创作，采用了写实的象征性手法和简单的黑、白、灰色，营造了极具悲剧色彩的画面，控诉了法西斯战争惨无人道的暴行。

科学家诺伯特·维纳（Norbert Wiener）在研究如何令高射炮瞄准快速移动目标时发展出控制论，更重要的是，各国政府投入了大量的人力、物力和财力，发展科技，制造新式武器。最典型的是美国陆军部实施利用核裂变反应来研制原子弹的"曼哈顿计划"（Manhattan Project）。罗斯福总统赋予这一计划"高于一切行动的特别优先权"。该工程集中了当时西方国家最优秀的核科学家，动员了10万多人，历时3年，耗资20亿美元，于1945年7月16日成功进行了世界上第一次核爆炸，并按计划制造出两颗实用原子弹。8月6日和9日，美国分别在日本广岛、长崎投下了原子弹"小男孩"和"胖子"，日本天皇被迫于15日宣布无条件投降，第二次世界大战结束。战争期间，作为机械化时代特有的典型战争形态，以内燃机技术为核心的科学技术群得以发展。飞机、坦克、大型舰船制造技术升级，电子技术群如雷达、声纳及其他电子通讯器材大幅改进与应用，飞弹技术群出现，火箭推进技术发展，核技术诞生。战争结束后，这些技术被广泛应用到和平事业和民用生活中。科技的发展为百科全书增添了新内容，同时，也推动了百科全书是知识工具书这一意识的深化。

1768年《不列颠百科全书》初版时设有"爱情"条目，解说花前月下恋人如何倾诉衷肠，情书应该如何书写以表达绵绵爱意等内容，洋洋洒洒，篇幅多达数页。到第14版修订时，第二次世界大战已经结束，科技发展带来大量的新事物，编辑意识到延用了上百年的爱情条目内容不大像百科知识，于是，以"原子弹"替换了"爱情"，篇幅也与之前相当。不料，此事引发读者哗然，上书编辑部表示抗议，愤怒谴责编辑热衷于宣扬杀人武器，无视人类美好的情感。对此，风趣的总编辑约斯特回应说："对于爱情，读百科全书不如去亲身体验，而对于原子弹，则以阅读本书为好。"①

早在1932年，公司管理层发生了变革，考克斯辞去了出版商职务，而西尔斯–娄巴克的副总裁埃尔坎·鲍威尔（Elkan Harrison Powell）被选中接替他，成为该公司总裁。没有出版经验的鲍威尔组织了直销方式，使百科全书在大萧条时期的销量从低水平逐渐升高，他还在编辑方法上发起了一次重要的变革，即连续修订。此后，这部百科全书不再以长时间间隔出现在完全重置的版本中，而是在每次印刷中，都会更新一定比例的材料，添加新内容，而其余部分（需要较少更改的内容）则保持不变，直到也需要修订为止。出版多卷本耗时长，这使得任何大型百科全书都不可能及时提供有关最新科学、技

---

① 金常政. 百科全书的故事［M］. 北京：北京图书馆出版社，2005：86.

**TUBERCULOSIS**

DON'T KISS ME!

YOUR KISS OF AFFECTION THE GERM OF INFECTION

TOWN OF HEMPSTEAD, W.H.RUNCIE MD. HEALTH OFFICER
WPA FEDERAL ART PROJECT DISTRICT 4

《别亲我！》。美国公共健康宣传画报，约于1936—1941年公布于纽约州亨普斯特镇，现收藏于华盛顿美国国会博物馆。画报上方"肺结核"一词赫然醒目地警示着市民，并用口号"你充满爱意的亲吻，是传染疾病的萌芽"和生动可爱的婴儿肖像画来宣传结核病预防工作。

术和考古发现，以及政治变革等事项的最新要闻（这些在《不列颠百科全书年鉴》中报道），而不断修订的方法提供了一种灵活的方式来处理以书籍形式呈现的新材料。它的优势还在于需要全职、长期和专业的编辑人员，而不是临时的编辑人员。这无疑保证了书籍内容的一贯性、稳定性。

从1936年开始，每一次印刷品都以它出现的年份命名。1938年，公司依托纽约编辑部、伦敦编辑部开始以两个版本出版《不列颠百科全书》，一个是美国版，一个是英国版，每个版本都处理前一年发生的事项。1938年富兰克林·胡珀退休，由尤斯特继任主编。第14版主要是为更广泛的读者设计的，并旨在进一步扩大条目的范围。经过彻底修订和重新安排，收入许多长条目的同时，这一版也收入了关于小学科的短条目。

1938 年，具有标准范式的《不列颠百科全书年鉴》问世。

1941年，当时的《不列颠百科全书》股权所有人、西尔斯董事会主席罗伯特·伍德（Robert Wood）送出一份大礼，将该书全部权益赠予芝加哥大学。

芝加哥大学1890年由石油大王约翰·洛克菲勒（John Rockefeller）创办，由美国著名教育家威廉·哈珀（William Rainey Harper）担任首任校长，是私立研究型大学，素以盛产诺贝尔奖得主而闻名。在此诞生了芝加哥经济学派，约40%的诺贝尔经济学奖得主与芝大相关。从曼哈顿计划起，大批科学家汇集于此，在"原子能之父"费米的领导下建立了世界上第一台核反应堆（芝加哥一号堆），开启人类原子能时代，奠定了芝大在自然科学界的重要地位。《不列颠百科全书》落户芝加哥大

学，找了一个好婆家，同时，百科全书悠久的历史，声望空前的作者群，也为学校增光添彩。

然而，芝加哥大学理事会决定不承担经营企业的财务风险。这时，芝加哥大学副校长威廉·本顿（William Benton）站了出来，表明自己愿意投入资金。本顿为广告商出身，曾在政界任职，社交广泛。他出任了总部设在芝加哥的不列颠百科全书公司董事长，担任百科全书出版人，至1973年长达30年之久。主要股东罗伯特·哈钦斯（Robert Maynard Hutchins）是美国教育家，时任芝加哥大学校长，他出任1943年成立的百科全书编辑委员会主席。

芝加哥大学不用承担经营管理责任，但仍然像第11版时的剑桥大学一样收取销售版税。此外，芝加哥大学的座右铭出现在《不列颠百科全书》的序中："Let knowledge grow from more to more; and so be human life enriched.",译成中文便是"益智厚生",即"提升知识,以充实人生"。

芝加哥大学、牛津大学、剑桥大学、伦敦大学和爱丁堡大学委员会,以及多伦多大学委员会、东京大学教职员工委员会,还有来自世界各地许多其他大学的顾问,都为编辑提出建议。1949年约翰·阿米蒂奇(John Armitage)成为伦敦主编,直到1965年他从该职位退休。伦敦办事处再次制作了单独的年鉴。1966年,《不列颠百科全书国际年鉴》问世。

20世纪60年代,为了在内容和组织上符合全面性和系统性的计划,完成了对百科全书的重大修订。芝加哥和伦敦的编辑向顾问们提交了分类清单和文章副本,顾问们建议修改或替换现有材料,省略一些文章,并引入新的文章。芝加哥和伦敦的编辑人员继续保持着与作者合作、协商、详细审查和检查文章的传统。版式基本上保持不变,但插图更多更全面了。贡献者是长长一串国际知名学者和其他权威人士名单。1968年在庆祝《不列颠百科全书》200岁生日时,公司宣布:通过连续修订,百科全书中的旧材料可能比历史上任何时候都要少,已经焕然一新。同时,发布了由13篇论文组成的3卷本书籍:《不列颠百科全书展望——澄清20世纪下半叶公众关注的主要问题》。

前后有近140个国家和地区的4 000多位学者、专家参与第14版撰述,该版大量收入欧洲以外地区的资料。这一版终于由"国家地域性的百科全书"跃升为"世界性的百科全书",确立了它在百科全书界最具

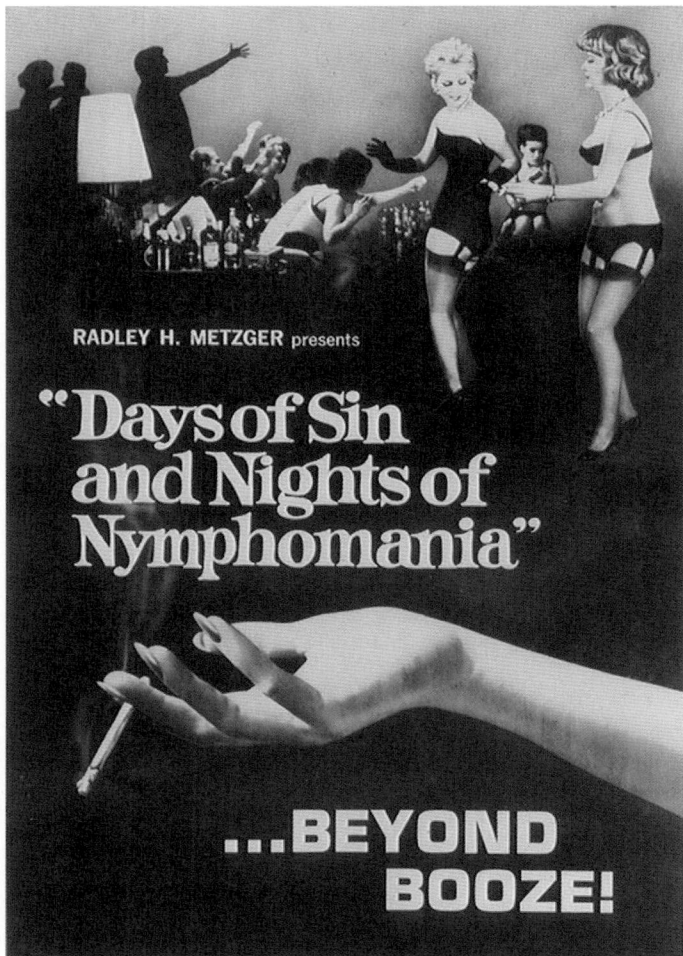

权威的标杆地位。

　　百科全书邀请的作者，都是在某一领域有突出研究成就的人。能获得百科全书委托撰稿，是莫大的荣誉，众多知名学者都以赤诚之心，投入百科全书的撰述之中。阿尔弗雷德·希区柯克（Alfred Hitchcock）被委托撰写有关英国20世纪60年代电影制作方面内容的概述性条目。他意识到这是一项"挑战"，不但自己全情投入，还聘请了南加州大学一位教授来帮助他完成这项任务。他们碰撞想法，就相关话题讨论了几个月，用磁带记录下谈话内容，聘请秘书将录音转录成手稿，最后希区柯克再提炼成文，发表在《不列颠百科全书》上。在这个费劲的过程中，负责这一工作的编辑曾经接到一个电话，对方的声音听起来就像希区柯克。"一开始我以为这是一个恶作剧"，这位编辑回忆道，"我的好友能逼真地模仿希区柯克的声音。但幸运的是，当时我没有说任何俏皮话，而是在听。"这不是玩笑，这是著名导演本人。"你知道吗？"希区柯克用刻意戏剧化嗡嗡低沉的声音说，"我在这事上非常努力，已经花了4 000美元！"[1]

　　这一时期，《不列颠百科全书》衍生了众多成果。《人类进行曲》于1935年出版，以历史地图和时间比较图形式，按时间顺序记录了史前时代的人物和事件。1934年，对购买的韦登《现代百科全书》修改或重写，添加新内容，重新组织后于1934年、1947年出版，1963年更名为《初级不列颠百科全书》。《儿童不列颠百科全书》15卷，在伦敦编辑并于1960年首次出版。1966年出版的《不列颠百科全书世界地图集》介绍了广泛的地理概要。这本地图集的国际特征体现在使用的尺度、测

---

[1]Encyclopædia Britannica, Inc. Encyclopædia Britannica Anniversary Edition［M］. Encyclopædia Britannica, Inc., 2018：722.

量系统以及英语、德语、西班牙语和法语的多语种文本中，地图集也采取了连续修订办法。1943年收购了ERPI电影公司，并将其更名为不列颠百科全书电影公司。接下来的几个月，芝加哥大学获得了伊士曼柯达公司的教育电影图书馆，不列颠百科全书电影公司（后来重组为不列颠百科全书教育公司的一部分）成为美国最大的教育电影制造商和发行商之一。1952年出版了《西方世界的经典》（54卷），与它一起出版的是汇集443部作品的"联题性阅读"指南，其中包含3 000个子主题和大约163 000个对集合材料的引用。1963年出版了《大书之门》（10卷），其中包括135位作者的200多部较短的作品。《今天的伟大思想》《不列颠百科全书展望》于1968年首次出版。《美国年鉴》（20卷）、《美国历史上的黑人》（3卷）是1968年和1969年出版的文献集。西班牙文的《不列颠百科全书》（15卷，后16卷）于1957年出版。1964年葡萄牙语版本（16卷）在巴西出版。由弗朗西斯·迪里弗俱乐部（CFL）和不列颠百科全书公司联合出版的法语版（20卷）于1968年问世。其他还包括《康普顿百科全书》和《康普顿年鉴》（收购于1961年），梅里亚姆−韦伯斯特词典系列（简称韦氏词典，收购于1964年）等。

# 黄金年代

被称为"革命"的《不列颠百科全书》第15版，经过了15年的规划和编辑后于1974年问世，共30卷。莫提默·艾德勒（Mortimer Jerome Adler）对这一版进行了全新的总体设计。

艾德勒是美国著名学者、教育家。他年轻时痴迷哲学，入学求教，因拒绝上体育课而没能取得学士文凭，但却在留校任教后，拿到了博士学位。他也是出版界的传奇人物，写了首版的《如何阅读一本书》，主编《西方世界的经典》。他还是《不列颠百科全书》编辑委员会成员，因指导第15版编辑工作的创新性革命而闻名于世。他收留了《益智游戏》电影中主角的原型查尔斯·范多伦（Charles Van Doren），并引领他进入百科全书领域，使他走出明星光环毁于一旦后的阴霾，重建生活。范多伦在不列颠百科全书公司工作了17年，撰写和编辑书籍，并成为副总编辑。在此期间，他将《如何阅读一本书》进行了大幅度修编增写。2014年中国引进的，就是艾德勒和范多伦两人共同领衔的版本。

第15版在知识框架、论述和编排方面有了根

本变化。结构上由三个部分组成,即《知识纲要》
(*Propædia*)、《百科简编》(*Micropædia*)、《百科详
编》(*Macropædia*)。《知识纲要》(或译《知识类目》),
1卷,是全书知识分类目录、知识的概览,提供了百科全
书的主题指南以及关于贡献者的信息。新版最引人注
目、最具创新意义的是知识体系的重构,是20世纪60年
代集合了世界近200名著名专家学者,研究三年的成果。
他们顺应科学由分科为主发展到综合为主的交叉科学
时代潮流,抛弃了百科全书已沿用数百年的学科论,按
发生学原则,构建了以世界客观物体演化和发展为主轴
的本体论框架体系。它把人类知识按发生学系统划分为
十大部类:物质和能;地球;地球上的生命,简称生命;
人类生命,简称人类;人类社会,简称社会;艺术;技
术;宗教;人类历史,简称历史;知识分科,简称科学。
以一个全新的框架,进行知识组织和表述。《百科简
编》10卷,由70 000多个短条目组成,文章简短且未署
名。是便捷的参考和索引,又是一部可供单独使用的简
明百科全书。短条目中包括许多指向长条目或其他短条
目的参见。《百科详编》19卷,全部由长篇条目组成,是
《不列颠百科全书》传统的、完整的学术性专条。这些
长条目的长度可以从数页至300多页,篇幅比其他任何
英语百科全书都多。条目包括国家、科学学科等。它们
往往分许多章节,这些章节知识系统,关联清晰,介绍
详尽,本身就足以在其他百科全书中构成独立的条目。

来自130多个国家和地区的4 000多名撰稿人,为第
15版提供了一个全球视角,观点具有世界性。编辑工作

时长超过250万个小时。编辑制作花费了3 200万美元，这还不包括印刷成本。据考证，这是到那时为止在出版史上最大的一笔私人投资。

第15版形成了逐年修订的新体制，使全书能更及时地更新内容。该版的年度修订一直持续到20世纪90年代末。值得一提的是1985年的"革新版"，增至32卷，且进行了重大的修订：《百科简编》扩大至12卷，有短条目80 000多条；《百科详编》17卷，总篇幅有所缩减，有长条目670余条，数百个条目扩大并合成长条，系统地介绍各学科知识、重要人物、历史、地理等。简编、详编的变

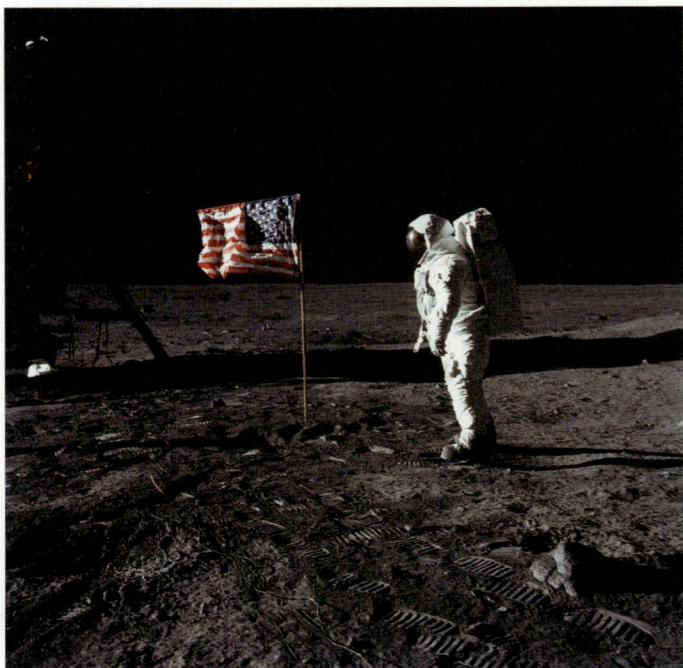

"这是个人的一小步，却是人类的一大步。"1969年7月20日，宇航员阿姆斯特朗和奥尔德林乘阿波罗飞船登上月球。

化，便于检索、查阅，以及呈现更多的知识点，适应了工具书使用者的需要。《知识纲要》也经过重新设计、改组和修订。索引部分由《百科简编》分离出来，单独成为两卷。后来每年出新版，都是它的不断更新版。每年约有10%的内容被更新。每年还出版年鉴。年度新版印刷一直持续到21世纪初。

除英文版外，《不列颠百科全书》陆续有了法文、日文、土耳其文、希腊文、西班牙文、葡萄牙文、中文、韩文、匈牙利文和波兰文等多种外文版，足迹遍布全球。

1978年12月16日，事先没有走漏一点消息的中美双方突然宣布两国关系正常化，1979年1月1日起互相承认并建立外交关系，令世界大吃一惊。1979年1月29日，国务院副总理邓小平率领中国政府高级代表团抵达华盛顿进行国事访问。当天，美国总统吉米·卡特（Jimmy Carter）在白宫南草坪举行了隆重的欢迎仪式，鸣礼炮19响，奏中华人民共和国国歌，这完全是政府首脑的礼遇。这一外交事件，立即成了轰动世界的"第一号新闻"。

多年来，不列颠百科全书公司一直寻求进入世界人口最多的中国市场，现在，公司高层意识到，机会终于出现了。而刚刚结束"十年文革"、开始改革开放的中国，急需了解世界、融入世界，吸收优秀的世界文明成果，同时，也期待世界能及时了解中国发生的变化。1980年8月12日，不列颠百科全书公司与中国大百科全书出版社（Encyclopaedia of China Publishing House）《关于合作出版〈简明不列颠百科全书〉中文版协议书》在美国正

日出东方。天安门，见证世间沧桑巨变，旧貌换新颜。苑立摄影。

式签订。这是中美建交后的第一个出版交流项目，美媒以《这是一件特别重要的事情》为题予以报道。邓小平三次接见来访的不列颠百科全书公司代表团，在谈话中，他提到"文化大革命"、四个现代化、吸收外国的先进技术和资金、找好接班人、市场经济等问题，首次提出了社会主义也可以搞市场经济的论断。他的谈话很快刊登在向世界发行的《不列颠百科全书年鉴》上，引发了全世界的关注。

星光熠熠的作者群、精湛浓郁的学术气韵，以及拥有200多年连续出版的历史，确立了《不列颠百科全书》在世界百科之林权威的地位，在各国尤其是欧美政界、商界、学界，甚至普通民众中影响巨大，拥趸无数。在相当长的时期里，它是学习、工作，甚至政务、商业谈判的必备经典，是通用知识检索的典范，是学生获取可靠知识，完成家庭作业的唯一途径。

各地办公室和经销商有干不完的活儿，《不列颠百科全书》足迹遍布全球。到20世纪90年代，《大列颠百科全书》在日本、韩国、菲律宾、新西兰、澳大利亚、加拿大、英国、爱尔兰、法国、奥地利、意大利、瑞士、荷兰、比利时、联邦德国等17个国家拥有自营公司，并与其他130多个国家订有发行《不列颠百科全书》的协议，经销商遍布全球。1990年，公司的综合业务到达顶峰，2 000多人的直销团队仅在美国就卖出了10万套纸质版全书。

然而，登临巅峰之际，夺命杀手正快马加鞭赶来。

# 第二篇

## 世界，你好！

# 三圆交叠

1979年，尼古拉斯·尼葛洛庞帝（Nicholas Negroponte）开始了他的巡回演讲，所到之处，座无虚席。

尼葛洛庞帝是美国麻省理工学院教授，计算机科学家，数码人士热血追捧的《连线》（*Wired*）杂志专栏作家。此外，他还以客座教授身份奔波于耶鲁大学、密西根大学，以及加州大学伯克莱分校。此次演讲，实质是游说，为筹建麻省理工学院媒介实验室筹集基金。他用三个相互交叠的圆圈分别代表广播业和动画业、电脑业、印刷业和出版业。他认为，这三种行业正在走向融合，三个圆圈的交叉处将成为成长最快、创新最多的领域。

尼葛洛庞帝的各种媒介正在走向融合，并将创造出新的媒介形式说，引起了广泛关注。赞同者有之，质疑者有之。前者欢呼，一个以互联网为基础，融合所有媒介功能于一体的超级媒介新时代即将来临；后者也不示弱，美国学者罗杰·菲德勒（Roger Federer）就以20世纪50年代"万能运载器"的事例，对超级媒介说泼下一瓢冷水。那时，异想天开的美国人以为，一辆车、一艘船、

冯·诺依曼与1946年
诞生的世界第一台计
算机。计算机是20世
纪最先进的科学技术
发明之一，并以强大
的生命力飞速发展，
对人类的生产活动和
社会活动产生了极其
重要的影响，引发了
深刻的社会变革。

一架飞机，即所有的交通形式都将被融入一种单一的
"万能运载器"。那些热情爆棚的发明者设想了如下典
型场景：上班族驾车沿高速公路疾驶，前面出现了交通
堵塞，驾车者立即轻拨几个开关，汽车顷刻变为一架飞
行器，飞越那些瘫痪的车辆和抓狂的人们；如果他改变
了主意，不想上班了，而是去钓鱼，他即刻可以驶至最近
的河流或湖泊，这时运载器就变成了一艘船。后来，邦
德的007系列电影中使用了这一概念，但它在实际生活
中从来没被真正使用过。人们发现，这样的交通工具看
起来不但丑陋、矮胖，而且功能上也只是劣等车、劣等
船和劣等飞机的混合体。根据菲德勒的观点，即便互联
网的确可以融合传统媒介，但这样的互联网很可能是一
台劣质电视机、笨重的广播播放器和狭窄的电影屏的结
合体。一味追求全能融合，实际上出现的可能不是集众
家之长的万能媒介，而是集众家之短的"四不像"。

学术界还在争论，企业实体却早已投入行动；尤其是那些不甘安分守己的媒体机构，在它们眼里，千载难逢的机会来了。

第二次世界大战结束后，新一轮"康德拉捷夫长波周期"开始。科学技术出现了许多里程碑式的事件：通用自动计算机（1951）、U-2间谍机（1956）、人造地球卫星（1957）、复印机（1958）、第一颗天气卫星——先锋2号（1959）、幻灯片投影仪（1961）、缩微胶片（1961）、阿帕网（1969）、微处理器（1971）、旅行者飞船（1977）、海洋卫星（1978）、个人电脑（1981）、光盘（1984）、计算机演示文稿（1987）、空间望远镜（1990）、网景通信公司（1994）、Java程序语言（1995）、谷歌（1998），人类进入了"电子时代"。信息、知识持续大爆炸，电子数据增速惊人，仅计量单位就排出了兆字节、吉字节、太字节、拍字节、艾字节、泽字节、尧字节，每一次都是千倍的跃升。服务型产业尤其是知识产业蓬勃兴起，最为现象级的案例是美国加州湾区的"硅谷"（Silicon Valley）。20世纪50年代，斯坦福大学为毕业生开辟了这片工业园区。从此，信息产业在此生根发芽、开枝散叶。电影《硅谷传奇》就是以这里的一批早期创业的年轻人为原型拍摄的。他们成立了"家酿"计算机俱乐部，其中包括苹果公司的创办人。成员们定期聚会，自由共享信息。他们发出一份传单："你在尝试制作自己的计算机、终端、电视打字机、I/O设备或其他的数码黑盒子吗？你正在购买分时服务以节省时间吗？倘若如此，你也许想加入我们的聚会，结识一帮志同道合的朋友！让我们互换信息、交流想法、项目互助吧……"。第一台苹果个人电脑就诞生

美国斯坦福大学。20
世纪50年代，斯坦福
大学为毕业生开辟了
一片工业园区，后来
被称为"硅谷"。从
此，信息产业在此生
根发芽，蓬勃发展，
辐射世界。

于此地。

　　1969年12月，美军原用于军事用途的阿帕网（ARPA）与美国西南部的加利福尼亚大学洛杉矶分校、斯坦福大学研究院、加利福尼亚大学和犹他州大学的计算机联机。不久，另一个最初由美国国家科学基金会资助建设，连接全美5个超级计算机中心，供100多所美国大学共享资源的广域网NSF网，也采用TCP/IP协议，与互联网（Internet）相联。随着接入主机数量的不断增加，以及传感、计算机、通信和控制等信息技术飞速迭代更新，互联网巨大的商业潜能、价值被不断发掘出来。

　　从20世纪80年代开始，随着个人电脑和磁盘技术的发展，以及90年代和21世纪初互联网应用的加速和宽带接入的广泛普及，从根本上改变了出版界。百科全书也开启了脱胎换骨的变化之旅。

1985年，美国格罗利尔出版公司推出了世界第一部多媒体百科全书《格罗利尔多媒体百科全书》，其前身是几年前与20卷印刷版同时推出的电子版《美国学院百科全书》。确实，变革的前奏早已出现，那就是电子版百科全书，几十卷百科全书藏身于一张小巧而轻薄的光盘，携带十分方便，但它终归还是纸书的平移。而多媒体百科全书，文、图、声、影齐集，超链接使得使用者在各种媒体之间穿梭往来，随意检索、浏览变得极为方便。

此时，微软公司董事长、首席软件设计师比尔·盖茨也在琢磨光盘版百科全书的事。他找上门来，希望获得《不列颠百科全书》的文字授权。还在年少时，不善与人交流的盖茨就常以阅读《不列颠百科全书》为乐。他13岁时开始学习计算机编程，18岁考入哈佛大学，一年后从哈佛退学，1975年与好友保罗·艾伦（Paul Allen）一起创办了微软公司。盖茨在《未来之路》一书中屡次提起，"是《不列颠百科全书》令我获得了一切有用的知识"。所以，这次若能与心仪已久的偶像合作，当然是再好不过的了。但是，他遭到了拒绝。

因为，此时的微软还没有那么出名，况且，不列颠百科全书公司也在拨拉自己数字化布局的算盘。

# 网站顷刻崩溃

《不列颠百科全书》问世的200多年，纸质版耗费了大量的人工和机械能，出版每一个新版本都要花费几年、十几年时间。20世纪70年代末，计算机开始在编辑部使用，以提高内容更新效率，加快出版速度。但是出版物自身变为数字化只是个时间问题。1989年，公司首张交互式多媒体光盘《康普顿百科全书》上市。

与此同时，纸质版的销售在这十年还在增长。1990年，公司的综合业务到达顶峰：2 000多人的直销团队在美国卖出了10万套纸质版产品。之后，这项业务一落千丈。

20世纪30年代建立，为公司市场霸主地位立下汗马功劳的直销模式，在1991年土崩瓦解。那时，众多家庭变得更加忙碌，没有耐心听门前的推销，并且个人电脑开始内置光驱——这成了潜在的打压。光驱大幅度减掉了百科全书的超级厚度和尺寸，而这曾经是不列颠产品价值主张中重要的一部分。个人电脑还创造了多媒体和互动的新需求。不列颠的直销团队是业务结构的核心，公司绝大部分的收入来自挨家挨户的推销。但是这种方式已经过时，公司放弃了这部分业务，解散了各地的直销网点，转而采取其他的市场营销方式。

要数字化，就必须决定采用什么样的技术，设计什么样的速度，囊括多少种媒体，收取多少费用，采用何种发行手段等等。销售部门不喜欢数字化。对于不列颠百科这样老牌的公司，面对反对者，面对实现财务目标的不确定性，数字化的推进当真是困难重重。

1994年，DVD盘片《不列颠多媒体百科全书》上市，定价1 200美元。同年，"不列颠百科在线"初登因特网，推出了有限年度订阅模式。之前，还出品过《不列颠百科全书》电子光盘。整个20世纪90年代，纸本、光盘（CD-ROM/DVD-ROM）和网络三种形态同台竞技。

几乎同时，微软也推出了光盘版百科全书（*Microsoft Encarta*, 1993）。在不列颠百科碰壁后，盖茨发奋图强，立即组织了开发团队，以别的文字版百科全书为基础，依托自身强大的软件优势，向百科全书的多媒体化发起凌厉攻势。盖茨在光盘版百科全书中加入大量图片和音频片段，并增加了时间线的功能，将其打造成学习工具和家庭作业助手。*Encarta*一出世，便成为市场新宠。以知识的可视性一项来说，它就给读者带来了大大的惊喜。先看动画，多达80项以上，内容如相对论、多普勒效应、温室效应、火山、日食、月食、大陆漂移、光盘原理、切尔诺贝利事故、滑铁卢战役 、朝鲜战争等。这些内容伴有声音解说和文字说明，形象地演示了科学技术和历史事件的来龙去脉、发展过程。再看影像，具有珍贵的文献价值，如西班牙内战、1900年巴黎博览会盛况、弹

哈勃空间望远镜。它以美国天文学家哈勃命名，是位于地球大气层之外的光学望远镜，于1990年4月24日发射。2019年5月，科学家公布了哈勃太空望远镜最新的宇宙照片——"哈勃遗产场"，这是迄今最完整、最全面的宇宙图谱，包含约265 000个星系，其中有些已至少133亿岁"高龄"。太空望远镜不断刷新着人们对宇宙的认知。

劾克林顿、两次世界大战进程、偷袭珍珠港、希特勒、柏林墙、肯尼迪遇刺、阿波罗登月、哈勃空间望远镜、航天飞机升空等，读者大为称道。最奇特的还是"360度环景观光"，有50多项，如底比斯神庙、巴黎等，中国的桂林山水、长城列于其中。推拉、俯仰、任意点旋转，辅以各种文字、图片、声效，观赏性、趣味性、现场感十足。*Encarta*自1993年开发后每年出新。

公正地说，与*Encarta*等相比，尽管《不列颠百科全书》知识过硬，但是在多媒体水准上差强人意、略逊一筹。其内容虽保有母体风格，但多媒体项目少，交互式内容欠缺，内容编排也没有太多新意。这也难怪，《不列颠百科全书》是一部沉甸甸的学术性百科，素以内容严肃、深厚、缜密著称，犹如一位200多岁仙风道骨的老学者，讲惯了高深学问，现在要改变，难度可不是一星半点。如何将学术性、严谨性同新媒介、新技术所提供的生动性、趣味性相结合，又不失学术性百科水准，需要持续的探索。

不久，微软又抛出商业新动作，将*Encarta*免费绑定于Windows操作系统和PC机，以提高个人电脑销量。Windows是微软开发的具有图形用户界面的操作系统软件，问世于1985年，1987年推出了2.0版，1990年推出的3.0版成为一个重要的里程碑，它以压倒性的商业成功确定了Windows系统在PC领域的垄断地位。随着微软的快速扩张，搭载系统和硬件赠送的*Encarta*一时风光无俩。*Encarta*是一种亏本促销品，它永久地改变了百科全书的价值主张。此举对微软来说是机智的商业之举，而对《不列颠百科全书》则无异于灭顶之灾。谁都明白，一个售价1 200美元的产品难以与一个免费绑定在个人电

数字化修复技术复活
电影。《当铺》是卓
林1916年拍摄的短
。意大利博洛尼亚的
影档案馆和美国电
基金会联合修复。

脑上的产品竞争。沿用直销团队销售光盘版百科全书亦是错上加错。在百科全书销售的传统模式中，多卷本处于收支平衡的态势，而利润来自于人们持续订阅年刊，即单卷的更新本。即使这样，进入20世纪90年代后，纸本的直销模式气数已尽。外力迫使公司进一步加大在数字化、网络化方面的投入。

1994年，"不列颠百科在线"开通，首先出现在互联网的环球信息网上，站点名为http://www.eb.com。这是基于网络的《不列颠百科全书》，也是互联网上此类参考书的开山之作，通过互联网提供广泛的查阅服务。这举动在当时大胆而冒险：少有出版商将网络视为出版之地，更别说将自己的旗舰产品放到网上销售。管理层也知道这将进一步蚕食公司的纸质版市场，只是不知道会蚕食多少。数字化版本的销量在缓慢增长而纸质版销售在急剧下跌。这下跌让人目眩：从1990的10万套到1994年的5万套，再到1996年的3万套。公司的财务变得脆弱。管理层考察了光盘版百科全书的价格点，意识到原始定价过高。光盘版与许多传统出版物一样，基于内容和产品成本来分配产品价值；但是顾客在改变，他们能以更少的钱得到足够好的产品——有时还是免费的。在几个月之内公司将不列颠光盘价格从1 200美元调至1 000美元，然后是150美元，到最后，100美元不到。

彻底的变革不可避免地到来。1995年12月18日，不列颠百科全书公司宣布，独立投资商、瑞士亿万富翁雅各布·萨弗瑞（Jacob E. Safrey）领导的投资集团，以未宣布的金额收购了该公司100%的股票。萨弗瑞宣称：

"《不列颠百科全书》是知识王冠上的宝石，若干世纪以来，它的学术性是对人类的礼物，我们的重点是在一个发展的世界上继续发展规模；我们的目标是对全世界所有的人，不论收入多少，年龄大小，作出全球性的贡献。"公司的改革、转型加快了速度。最艰难的转型之一是产品销售方式的改变。直销团队曾是业务结构的核心，公司绝大部分的收入来自挨家挨户的推销。但是这种方式已经过时，只能放弃。销售重心转向市场营销。公司开始寻求新的在线收入，包括订阅和广告之类，通过经销商将电子版和多媒体版百科全书推荐给新的顾客群体，专注于向各高校出售订阅付费的不列颠在线产品。

　　光盘市场的搏杀使不列颠百科不堪重压。但是，新的机遇出现了。20世纪末、21世纪初，互联网出现快速增长。发达国家电子出版技术开始向网络出版技术转

斯坦福大学附近社区一隅。绿树掩映着苹果公司联合创始人乔布斯外形简朴的家。公司研发的苹果手机引导了当今智能手机的发展潮流。移动电话的出现和广泛使用，给人类的生产方式和生活方式带来了翻天覆地的变化。

化，世界范围的电子出版开始出现如过山车般的起伏跌宕。美欧国家大量投资人和出版商纷纷抽身逃离，投奔网络而去，电子出版迅速跌入低谷。对不列颠百科最大的威胁——光盘产品，被互联网毁灭了。毁灭来得正是时候。不列颠百科得以重新与消费者建立直接关系。市场条件开始围绕互联网固化，传统形态产品逐渐被新形态产品取代，数字订阅业务开始增长。

1999年10月20日，免费的、广告支持的《不列颠百科全书》网络版发布，建立了网站（Britannica.com），提供搜索引擎、主题通道、时事、文章以及百科全书的全部内容。价值1 250美元的32卷本《不列颠百科全书》全部上网，供人们免费查询与下载。这是轰动一时的新闻，经全球1 200多家媒体报道后，竟在一天之内招来1 500万的汹涌人流，令刚刚开通的网站顷刻间崩溃，两个星期内都无法正常运转。

不列颠百科网络版的免费午餐没有持续太久，两年后，由于网络广告发展艰难，公司不得不放弃"免费"承诺，宣布向个人用户收取年费。"不列颠百科在线"继续存在，主要供教育机构使用。实际上，不列颠百科的在线分销被分成了两个渠道：一个是eb.com域名，面向学校和图书馆等机构，付费；另一个是Britannica.com，面向消费者，由广告（免费阅读）和订阅费（来自想要无广告体验的订阅者）支持。无广告订阅者采取会员付费（7天免费试验）方式：第一年74.95美元，以后每年根据当时汇率进行续费。会员可浏览100多万页的内容，包括文章、图片、视频、地图、小测验等，获得对不列颠百科在线高级版和应用程序的完全访问权限。

公司看到了互联网是个远比光盘有利可图的地方。互联网上可获利润大得多，也不必大打折扣来赢得销售。鉴于互联网已敞开大门，管理层认为，需要超越工具书产品的生产，发展全面的学习业务。不断上升的K-12（学前教育至高中教育的缩写）消费者使管理层认识到什么是市场所需：付得起费用的课程和学习资料，它们与所学功课相关，在课堂和家里都能使用。教育工作者们希望产品包含评价体系，支持个性化的或者是"不同的"学习，以适应不同的年级和阅读水平的用户。公司看到了在线教育市场正在涌起的商机，而不列颠百科拥有的品牌和编辑资源可以满足这一需求。公司开始雇用新人，在编辑部、产品研发部和市场部等关键部门配设课程专家。公司开始在K-12在线市场出现时向他们出售产品。2000年，针对K-12的学习产品发布，品牌和质量得到教育者的承认和赞赏。

不列颠百科的变革紧锣密鼓、环环推进。电子和网络收入缓慢增长，纸本的销售依然占有一定份额。

这时，真正致命的对手横空出世了。

# 快！快！

2001年1月15日，美国人吉米·威尔士（Jimmy Donal Wales）在新发起的项目维基百科首页上写下："世界，你好！"，成为第一个维基百科编辑者。此时，维基百科

维基百科标识。一个
组建中的球形拼图。
每块拼图都有一个不
同文字系统中代表W的文
字，代表维基百科的全
球性与多语言特性。

仅有25个条目。威尔士只是想创造一个很酷的东西。那时谁（包括他自己）都没有料到，一个改变人类知识旅程、一个全新的世界就这样被撬动、启航了。

　　威尔士是阿拉巴马州偏僻小镇汉斯维尔一名杂货店经理之子，毕业于印第安那大学，经济学博士，研究方向是期权定价。毕业后学以致用，他投身商界，首战利率和外汇投机，发了一笔大财。1996年，当威尔士还留着吊儿郎当的胡子，听着疯狂小丑的嘻哈音乐，并在会议中引用"摇滚万万岁"的台词时，他参与创立了Bomis——一个自带"Bomis美女报告"的搜索引擎。从小看着父母贴满了书签的百科全书长大的威尔士，用来自于Bomis广告和网络营销的盈利，建立了另一个项目——"新百科"（Nupedia）。这是一部线上免费百科全书，由专家撰文，同行评审，内容可以复制，由广告来支持。哲学博士拉里·桑格（Larry Sanger）担任"新百科"的主编。桑格毕业于俄亥俄州立大学。小时候"视力不好，听力也有些障碍"的桑格，从小就喜欢一个人戴着厚厚的眼镜埋头读百科全书，早年便表现出对哲学的浓厚兴趣。他的高中指导老师曾问他："你要成为怎样的哲学家？"他说："嗯，首先，改变这个世界的思考方式。"1999年，在名为"客观哲学讨论"的网络聊天室里，桑格遇到了商科出身的威尔士。威尔士说："想象一下，在这个世界里，每个地球人都能免费获取人类所有的知识。"[1]在网络百科全书话题上，两人交谈甚欢，一拍即合。

---

①Jimmy Wales. About the birth of Wikipedia. TED Speech, 2005.

一开始，威尔士和桑格显然对百科全书抱着敬畏之心，他们决心以前辈为榜样："新百科"的条目按《不列颠百科全书》的规矩，全部由具有专业背景的专家和学者编写。他们无比崇敬地列出知名学者的花名册，每个编写者还必须传真自己的学位证书以验明正身，并设置了7道编校程序细细把关。创立之初的日子里，主编桑格身兼数职，除了编辑条目，还要维护网络社群。由于最初没有设计师搭建网页，他只能先把网上社群里成员的邮件地址一个一个抄下来，组成邮递清单，再把要创立的条目发送给大家。虽然后来"新百科"有了自己的网页，但上线的最初半年里，只发布了两个长度够格的条目。一年的努力和25万美元只换来了12个条目。以这样的速度，何年何月才能完成一本百科全书的编写？显然，对商人威尔士来说，无论是时间，还是金钱，这条精英路线已经走进了死胡同。

屋漏偏逢连夜雨。1999年10月20日，《不列颠百科全书》上网，供人们免费查询与下载，立即引爆流量，令刚刚开通的网站顷刻间崩溃，接下来的两个星期数次瘫痪，无法正常运转。同不列颠百科比，"新百科"无论质量还是速度，都完全没有优势。但是，转机还是出现了，一项技术让威尔士绝处逢生。而且，不列颠百科这一全民狂欢的免费午餐也没有持续太久，两年后，由于网络广告差强人意，被迫放弃"免费"，宣布向个人用户收取74.95美元年费。

2001年1月2日，桑格在和朋友本·科维兹（Ben Kovitz）吃饭时听说了"维基"（Wiki），这是一套由毕业于普渡大学的程序员沃德·坎宁安（Ward Cunningham）发明和命名，科维兹等参与协同开发的系统程序，名称"Wiki"取自夏威夷语（wee kee wee kee），原本是"快点快点"的意思。早在1995年，坎宁安在普渡大学计算中心工作时，为了方便社群的交流而建立了一个工具——波特兰模式知识库（Portland Pattern Repository）。在建立这个系统的过程中，坎宁安创造了维基的概念和名称，并且实现了支持这些概念的服务系统，这就是最早的维基系统。他创建第一个维基的初衷就是要建立一种环境，以便人们能够交流彼此的经验。维基系统是在Web基础上对文本进行浏览、创建、更改的社群协作式写作技术，最大的特点就是允许多人对同一个文本进行编辑、修改，并保留所有的历史版本，供用户比较优劣、随时撤回。维基源代码公开，是当时蓬勃发展的开源软件运动中影响最大、最为深远的成果。

桑格立刻想到维基很可能是创建另一个更加开放的百科全书计划所需要的技术。这顿饭刚吃完，他就迫不及待跑回公寓给威尔士打电话。2001年1月10号，两人开发出新百科维基系统。一开始，他们的本意是把这套系统当成娱乐性质的附属品，加进原来进展缓慢的新百科网站中。桑格在新百科的讨论区里发布维基百科的上线公告时，将之形容为"有趣的项目"，说"去那里写点东西吧，最多只会花你们5到10分钟时间"。但编辑们和大部分专家对这个新玩意并不感兴趣。他们认为，鼓励没有资历的人写文章可能会威胁到这部百科全书的信誉。但是维基百科更具自由且开放性编辑的特性，

火奴鲁鲁（檀香山）农
贸市场前的弹唱者。
火奴鲁鲁是夏威夷首
府，太平洋航线的中
继线和重要港口。最
早的居民是波利尼西
亚人，风靡全球的"维
基"一词即来自夏威夷
语"快点快点"（wee
kee wee kee）。

反而吸引了更多人使用。不到一周，参与人数激增，无
奈之下两人不得不将维基系统分离出来独立发布，新网
站被桑格命名为维基百科（Wikipedia），一个由"维基"
（Wiki）和"百科全书"（Encyclopaedia）合成的新词。
中文"维基"既是音译，也是意译。"维"字面义为系物
之绳，也可释义为网，引申为互联网；"基"指建筑物的
底座、事物的根本，合起来就是网络基础之意。另外，在
数学世界中，维数和基数是描述线性空间（可与时间、
空间相较）的基础，更加贴切地形容了维基百科的包罗
万象。

2001年1月15日，威尔士注册了www.wikipedia.com的域名。整个项目于2001年1月15日上线，因此，这一天也被称作"维基百科日"。维基百科一出生便亮明身份：这是一个基于维基技术的全球性多语言百科全书协作计划。"维基百科，自由的百科全书，人人可编辑的百科全书。"只要是地球人，均可自由访问和编辑，这意味着维基百科除传统百科全书所收录的知识，也可以收录非学术但具有一定媒体关注度的动态事件。

名气颇大的科技新闻资讯网站Slashdot闻风而动，连续三次报道了这一新鲜事物。维基百科开始受到信息技术业界的关注，谷歌等搜索引擎也开始关注点击，维基百科平均一天有了数千次浏览记录。在维基百科页面上，右上角的"您可以编辑它"（You can edit this）按钮让人们兴奋不已。这是全新的体验，只要轻轻一点，任何人都可以将自己写的内容发送到平台上，全球共享。以此一招，维基百科便如法力无边的魔术师，变幻出一个又一个奇迹，令人眼花缭乱、目不暇接。

出世20多天后的2001年2月12日，最早语言版本的英语维基百科约有1 000个条目，同年9月7日已经突破10 000个条目。创建后的第一年年底，便有各地志愿者创建了20 000多个条目，平均每月超过1 500条。2001年5月，启动非英语维基百科版本计划，当年包括阿拉伯语、中文、荷兰语、德语、世界语、法语、希伯来文、意大利语、日语、葡萄牙语、俄语、西班牙语、瑞典语和挪威语等语言版本宣布成立。到2002年8月30日，英语维基百科已有40 000多个条目。同年10月，英语维基百科注册用户

"Ram-Man"首次使用机器人软件参与编辑，借由软件设计从人口普查报告中截取有用信息并自动添加在美国城市条目上，之后许多类似的软件也陆陆续续使用于不同主题的条目上。2003年1月，维基百科英文注册用户"Taw"编写相应代码后开始支持Tex数学公式的表示。2003年1月22日英语维基百科突破10万个条目。9月，原本作为主要项目的"新百科"宣布永久退出，该网站文章内容直接移植于英语维基百科上。维基百科的低门槛很快使它超过了它的"父母网页"，成为Bomis最大的营业区。在同一时间兴起的谷歌，在搭建自己的搜索引擎时，常常直接把维基百科的条目信息用于内容中，并附上链接。当时谷歌有专门负责"跟踪"维基平台的工作人员，每个月都会把维基的文章更新到谷歌的系统中。当年这段谷歌抓取维基百科信息的故事曾传为笑谈，甚至有人说是维基百科造就了谷歌。

起初，同许多互联网热潮中的玩家一样，威尔士的本意在于"文化试验"。他要弘扬多元、开放、平民化和非权威主义计算机文化。受编写人类知识的百科全书这一崇高理想鼓舞，维基百科的作者们为了一种创造和奉献的快乐而来义务工作。维基百科的运营完全是想到哪做到哪。

初生的维基百科，最大的优势就是"快"，如同"维基"的夏威夷语原意一样，不管哪里出现的信息，总能最快贴到维基百科上来。但麻烦也纷至沓来。词典释义、研究论文、历史文献、新闻、资讯……潮水般一波波持续涌进。会员大军迅速扩展，他们充满激情又毫无章法，上传"条目"混乱不堪。尽管拥有技术层面的种种优势，但靠一个没有规则，缺乏审核机制的维基系统写出一本高质量的百科全书，显然不太靠谱。创始者不得不认真对待。

他们发布了长帖《维基百科不是什么》，将维基百科与词典、期刊等区别开来，确立了最初的条目编辑规范，以保证在维基百科这个自发组织的、"群龙无首"的智力盈余社区里，产生的既不是像"脸书"上那样的"生活片段"，也不是当时流行的论坛里那些千差万别的讨论帖，而是以百科全书格式汇集起来的人类知识。这份规范在后来的10多年间经过上千次的反复编辑，至今仍是维基百科的"基本法"。

与传统百科全书大相径庭，维基百科是"自下而

《绅士们上舞蹈和仪态课》。克里特创作于1760年的铜版画，现藏于伦敦威尔康图书馆。

上"由读者编写、编辑的，贡献者人数以百万计（《不列颠百科全书》鼎盛期的撰稿人有4 000余位，狄德罗的法国《百科全书》只有区区140位，数量更是相形见绌）。维基百科一开始打出的旗号就是开放，"越开放越准确"，人人可以自由编写的百科全书。"我们都只是某个领域的专家。没有人无所不知，但每个人都知道一点什么。"这意味着不论是拥有维基百科账号的用户或者是其他匿名的浏览者，在阅读条目的同时也可以把自己认为适合的内容添加于文章之中。

维基百科的设计者认为，如果贡献者贡献了完整、准确的条目，那当然非常完美；在任何时候都应该鼓励这种行为。然而，由于任何人都可以编辑，不可避免地，有些条目由于创建者和修改者的知识局限或偏见而导致质量不高。但是，维基系统具有开放性，条目可以通过协作编辑打磨合格，逐渐地接近最终的完美版本。越开放则参与的人越多，关注的人越多，知识越能得到充分的流通、分享和修正。由于开放性，反而产生了"无影灯效应"。无影灯效应（Shadowless Lamp Effect）源自物理名词，指将高发光强度的光源在庞大的灯盘上圆形排列，让灯光从不同角度照射下来，这样就看不见每个点光源形成的影子了。每个人都有机会进行充分的合作与交流，思想随时可以产生碰撞，各个角度智慧的汇聚、打磨，最终将促成条目内容的系统化、合理化和准确化。正所谓真理越辩越明，参与人越多越容易保证质量。设计者还认定维基可以满足个性化的需求。现代质量观念提倡个体适用的观点，每个人关注的知识领域不尽相同,关注度越高、参与者越多的条目的质量就越有保障,而关注度低的小众条目,对于整个维基则影响较小。

然而,现实离设计者的理想相去甚远。

维基百科里的大部分条目在反复编辑之后或许能得到一个相对可靠的版本,但在此之前,漏洞在所难免。尤其是在维基百科高速发展的阶段,海量涌入的新手编辑让条目的质量良莠不齐。与此同时,条目数量快速扩张,而杂乱的破坏性行为也大量出现了。包括插入虚假信息、广告言语、极端党派意见、偏激观点,或者是其他类型的垃圾邮件,重要的内容反而遭到删除,强硬修改成个别人喜爱的格式内容,甚至直接修改条目文章的底层代码,等等。

维基百科被批评为"业余人员的毫无鉴别力的邪教",有"一种对职业领域不尊重的遗憾倾向"[①]。这促使维基百科下决心制订编辑方针,并决定推行管理员制度,引进"保护"功能,确保只有拥有权限的管理员能够修改条目。

编辑方针包括四个方面:观点中立、可供查证、非原创研究、版权共享。

中立的观点。这是维基百科的基本规则。所有维基百科条目必须以中立的观点撰写,在尽可能不带偏见的前提下,平等地表述已在可靠途径发表过的重要观点。包括当同一主题存在多个或相互抵触的观点时,它们中的每一个都应被平等表达。描述争论,而不参与争论,

---

① 彼得·伯克. 知识社会史:下卷[M]. 汪一帆,赵博囡,译. 杭州:浙江大学出版社,2016:308.

让读者可以接触到各种重要且已发表的观点。真实记录、留下人类历史对事物认知的轨迹。技术上，维基百科的版本保存功能为用户的不断修改和各种观点的兼容并包提供了支持：每个用户编辑的条目都作为一个版本保留，新用户的编辑基于之前用户的版本，读者看到的都是默认的最新版本。

可供查证。加入维基百科的内容应依据可靠来源，比如具公信力的出版者发表过的事件叙述、主张、理论、概念、意见和论证等，它们的真实、准确能被读者查知，而不能仅由个人认定。编辑者应为条目中的引文，以及任何被质疑或可能被质疑的内容提供可靠来源，否则这些内容可被移除。

非原创研究。维基百科不是发表原创研究或原创观念，即个人观点、经验或争论的场所。所谓原创研究或原创观念，指的是未发表的事实、争论、推论和想法，以及对已发表材料进行的未发表的分析或总结，并产生了新的立场。要证明非原创研究，列明与条目主题直接相关，且直接支持条目信息的可靠来源非常重要。独创性并不是维基百科要做的。维基百科要把自己打造成知识积淀的场所，而把实验中的暴风雨（当然也有鲜花、掌声）留给《自然》、《科学》（Science）、《美国国家科学院院刊》（PNAS）等一线杂志。按维基人的说法，换到当年，就是爱因斯坦也不可能在维基百科发布他的相对论！

版权共享。维基百科内容依照《知识共享：署名-相同方式共享（3.0协议）》（CC BY-SA 3.0）和《GNU自由

"机器人之父"恩格尔白格1959年发明了世界上第一个机器人,不久之后,这个机器人就安装在通用汽车美国工厂的生产线上。进入21世纪,机器人产业爆炸式增长,惠及生产、科研、军事、文化、服务等各领域,不断提高社会生产效率和人们的生活质量。

文档许可协议》(GFDL)获得志愿者的授权。GFDL所代表的文档开放运动,是20世纪90年代初源代码开放运动的延伸,可以将它们称之为内容开放运动。所谓内容开放的作品是指任何在比较宽松的条件下发布的创造性作品,这些作品允许公众不受传统版权的苛刻约束而自由地复制和传播。维基百科所采取的GFDL协议还允许第三方在不受约束的情况下自由修改和发布修改版本的作品。这样做的前提条件是后者必须遵循GFDL的另一个条款:你必须允许公众对你的作品拥有同样的自由。维基百科因对版权的开放态度而被称为"公众的百科全书"。最重要的是,通过版权开放,维基百科实现了内容的快速积累。与此同时,由于作者良莠不齐,作者在创建条目时不是合理引用第三方作品而是涉嫌抄袭的侵权情况时有发生,这使维基百科遭受质疑。但另一方面,由于维基百科日益强大的影响力,似乎也有不少人乐意自己的作品被引用。

管理员制度。针对恼人的破坏性行为,维基百科逐渐建立起一套相对完整的反干扰机制。在编辑权限上建立起了"普通用户–管理员"层级体系。2001年10月，威尔士任命了第一批管理员。管理员的权限包括修订页面、屏蔽链接、锁定条目、删除文章、保护文章不被改写、阻止用户编写，比普通用户更快速地恢复文本等。管理员也是没有报酬的志愿者，只是有更高权限修改和撤销他人编写的条目内容。大部分条目由普通用户撰写，再由管理员做编辑整理和格式调整。管理员们自称"维基人"，他们以一种异乎寻常的热情，投入大量时间、精力，查找资料、反复讨论，以提高条目内容甚至是引用文献的准确性。在维基百科社区里，从贡献卓著的普通用户中选拔管理员；同时为用户提供贡献度排名，给予虚拟的荣誉奖励。这一机制产生了惊人的效果，鼓励成千上万的互联网用户把自己的智力盈余贡献出来。经过多年的发展，从忠实粉丝中分化出的管理员群体，像忠实的清道夫一样与各种捣乱者进行不懈战斗。IBM的一个研究小组发现，维基百科遭遇的多数破坏5分钟内就能修复，速度之快令人咋舌。反干扰还包括如下措施：版本保存或锁定、内容删除、封禁账号和IP等。每个条目的编辑行为都会作为一个版本被保存下来，如果后一个编辑者的编辑被判断为捣乱行为，之前一个版本会恢复，捣乱者的操作会徒劳无功。多次存在恶意编辑行为的捣乱者，面临的处罚包括内容删除、账号封禁，更严厉的处罚是所在的IP也会被封禁。此外，维基百科将条目和讨论区分开，人们在讨论区里可以随意交流、争论，但写进条目的内容必须符合一定规范。

有一些维基百科用户因为在"观点中立"上的违规举动而遭到封禁。早期的著名例证有，2002年3月，用户ID24开始在英文维基百科条目中发表许多极左观点，他引起的激烈讨论最终导致严重的人身攻击，威尔士最后于2002年4月禁止ID24对维基百科进行编辑（但允许其继续浏览）。这是维基百科首次采纳只允许用户浏览维基百科的做法。另一名同样于德国历史相关条目中发表许多亲右翼观点，且多次引起争论的用户"海尔加"（Helga），则是在2002年9月被禁止继续编辑维基百科。对有争议而未全面反映争议的条目，维基百科在页面上方发出警告："本条目中立性有争议。内容、语调可能带有明显的个人观点或地方色彩。"

　　维基百科（英文版）拥有1 000多名管理员，选拔编辑成为管理员的程序相当严格，需要绝大多数的编辑投票同意。而在这些管理员之上，还有一个15人的仲裁委员会，它是一个由维基媒体基金会选出的15人志愿者团体。仲裁委员会的职能和权力，是为维基百科制定并执行包括处罚在内的运营规则，并有权单方面做出对某种行为和某个用户的判罚，坊间将其称作是"维基百科的最高法院"。

# 叫好不赚钱

创业初期，威尔士认为，他的免费百科全书能带来巨大财富。他的好友和 Bomis 合伙人特里·富特（Terry Foote）对《纽约时报》前来采访的记者直言，吉米当时以为他可以从这里赚到很多钱。1993年Mosaic浏览器及1994年万维网（World Wide Web）的出现，令互联网人气大增。1996年，对大部分美国上市公司而言，拥有一个公开的网站已成为必需。互联网带来了商业新模式，风投家目睹了互联网公司股价的创纪录上涨，他们一反往常的谨小慎微，大量资金和创业者拥入，互联网公司股价腾飞。2000年3月上旬，以技术股为主的纳斯达克综合指数（NASDAQ）攀升新高，网络经济泡沫达到最高点，然后开始破裂、坍塌。3月13日，星期一，大规模初始批量卖单的处置引发了抛售的连锁反应，投资者、基金和机构纷纷开始清盘。仅仅6天时间，纳斯达克就损失了将近900个点。到2002年，泡沫全速消退。大多数网络公司把风投资金烧光后停止了交易，许多甚至从未盈利。当互联网热潮退去时，威尔士还没来得及把维基百科建成一个可盈利企业。此后，他陷入了窘境——维基

997年5月7日，俄罗
国际象棋大师卡斯
罗夫（左）与由IBM
发的国际象棋超级
脑"深蓝"进行复
。"深蓝"的首席设
者是许峰雄（右）。
996年卡斯帕罗夫
次与"深蓝"交手，
4：2的战绩获胜。
997年他再次与"深
"对垒，以1胜2负3
败北。威伦斯摄。

百科成为一个"叫好不赚钱"的项目。商业还是公益，成
了相当纠结的选择。当时，维基百科隶属于威尔士创立
的商业门户网站Bomis。美国互联网泡沫破灭，牵连到了
Bomis，拓展营收来源成了比编百科全书更重要的任务。
种种迹象表明，维基百科可能要卖广告了。

　　依赖于志愿者的支持？想也别想，他们绝不会支
持在维基百科上刊登广告，社群希望能够更好地体现
维基百科的开放性和中立性。2002年2月，维基百科
西班牙语版资深用户埃德加·恩耶迪（Edgar Enyedy）
带领整个西班牙语社区出走，自建了新的"自由百科"
（Enciclopedia Libre），把原先放在西班牙语维基百科
上的条目迁到了新网页上。这次"出走事件"，原因不止
一个：随着维基百科影响力的快速扩展，英语维基百科
仍然在整个维基百科项目中拥有掌控权，许多来自其
他语言版本的百科社区希望获得更多独立性；但对商业
化的忧虑始终是首要原因。埃德加后来在接受《连线》

杂志英国版采访时表示，当时维基百科的域名用的还是
".com"，也就是商业公司性质，这和维基百科的公共
服务宗旨相违背。他质问："我为什么要为一家'.com'
的网站志愿工作呢？""出走"之初，"自由百科"发展
迅猛，条目数远超维基百科的西班牙语版，最大时达到
六七倍之巨。这场纷争引起了关于其他非英语维基百科
版本地位的广泛讨论，并且直接影响了许多其他语言版
本维基百科的重大改革。这起"出走事件"也推动了维
基百科自身的改革。

　　寻找一种新的运营模式提上了紧迫日程。威尔士发
起了一场精明的品牌转变。2002年8月，威尔士宣布将不
会在维基百科上刊登商业广告，同时维基百科也将网站
的域名从"wikipedia.com"更改为"wikipedia.org"，明
确了非商业化的运营方向。2003年6月20日，非盈利的维
基媒体基金会正式成立。Bomis将所有与维基百科有关
的权利，包括知识产权和电脑硬件全部赠予这一非营
利组织。威尔士宣布将维基百科等一系列维基项目交
由该基金会运营，他本人只是基金会里的五名董事之
一，不会有任何特权。2004年，在接受科技资讯网站
Slashdot 的采访时，威尔士发表了他的维基主张："我
们要做的，就是让世界每一个人都可以免费获取人类
所有的知识。"一番表白，使这个"起初只是一个举止
笨拙的'搞电脑的人'"的威望迅速提升。一个不由政
府或企业的私利禁锢的互联网世界，得到了许多人的
响应。

　　2005年威尔士得到了一次在TED（Technology

Entertainment Design，美国技术、娱乐、设计大会）演讲的机会。此后，他应邀参加了在达沃斯举行的世界经济论坛。威尔士登上了《时代》杂志评选的时代年度风云人物榜单。接下来，他又获得了"全球青年领袖"的称号。各种媒体都在报道全球上百万人线上协作的维基百科，维基百科开始全速奔跑。

后来，威尔士忙于环游世界，就不再参与维基百科的日常运营工作了。他成了世界上最著名的宣传自由互联网的演讲者，出场费为8万美元。他参加各种活动，推广维基百科，为它争取捐助。不过，接受采访时他还是认为，尽管无处不在的互联网是个好东西，但能够从中赚钱就更好了。

相对于商业运营，公益运营可以激励志愿者更多的创造；另一方面，公益运营的网站没有来自投资方的压力，可以集中精力做纯粹的知识网站。相当长时期内，维基百科的运营成本和100多位有薪员工的工资主要来自于全球的贡献者和用户的小额捐款。在每一个维基百科条目上都有这么一段话："若您在维基百科受益良多，请考虑资助基金会添购设备。"维基传媒基金会中设有专门的筹款部负责筹集资金。2006—2007财年募捐104万美元，2007—2008财年募捐216万美元，2008—2009财年募捐620万美元，2009—2010财年募捐750万美元，2010—2011财年募捐1 600万美元，2011—2012财年募捐2 000万美元。2013年筹款达到3 500万美元，其中2 400万美元来自全球100余万人的捐赠，人均贡献21美元。

除个人捐赠外，维基传媒基金会也寻求多样化的捐赠形式。2010年，谷歌向维基百科捐助了200万美元，用于支持维基传媒基金会的核心运营，包括对技术基础架构的投入，以支持高速增长的信息流量和容量需求；还用于帮助提高维基百科的易用性和可获取性。2019年1月22日，一条新闻上了热搜。刚刚年满 18 岁的维基百科，收到了谷歌送出的"生日礼物"，这家科技巨头在世界经济论坛宣布追加310万美元捐款给予维基百科，至此，过去十年谷歌向维基百科的捐款累计已达到7 500万美元。谷歌对维基百科的扶持不止是资金，还有技术输出，比如开放自定义搜索和 Cloud Vision API 两个接口。前者可让志愿者们在引用事实时不必跳转至搜索页；后者是一款功能强大的图像识别工具，可将书籍页面转化成文字，从而方便资料的引用。维基百科还宣布即将引入谷歌翻译，帮助编辑们将条目内容转换为另外

位于美国加利福尼硅谷的谷歌总部。歌公司成立于19989月4日，被公认为全球最大的搜索引公司。搜索引擎依于多种技术，为信检索用户提供快速高相关性的服务。

15 种语言。

　　没有免费的午餐，谷歌的捐助当然不可能毫无私心。维基百科的文章被谷歌用于训练机器学习算法和在 YouTube 上打击错误信息；维基百科网站的海量条目数据库，出现在谷歌搜索结果页面的突出位置，在谷歌搜索专有名词时，搜索结果页出现的知识图谱，引用了维基百科的内容。维基百科的条目也为苹果、亚马逊、脸书、微软等大公司所用，这又进一步助推了维基百科的发展。滚滚而来的流量，使这些大公司和维基百科获得双赢。当然，这些大公司亦先后通过捐款的方式对维基予以回报。

# 两军对垒

2000年，当不知深浅的威尔士还在捣鼓"新百科"时，有一位百科前辈就在关注他了，这个人就是不列颠百科总裁豪尔赫·考兹（Jorge Cauz）。当时考兹想，主意不错，只是太疯狂，这纯属乌托邦理想，根本就行不通，威尔士最终会失败，因为他在试图弄一个完全和不列颠百科一样的产品，而不列颠百科历经200多年，累积了雄厚的由最权威作者撰写、最专业编辑打磨的文档，最要紧的是它持续投入了堪称天文级数字的资金，才成就了今日的霸主之位。显然，"新百科"没有也不可能具有这些资源。

所以，当接下来的一年中"新百科"采用维基技术变身"维基百科"时，考兹只把它看作是一个绝望的、垂死挣扎的举动。接下来，维基百科的文章、供稿人和访问者成几何级数增长，谷歌公司的搜索引擎持续地奖励该网站的头名点击率，维基百科成功了！考兹及他的同事们大为惊骇：这太不可思议了！

一个是经年享有盛誉的不列颠百科，一个是时下蒸蒸日上的维基百科，在跨入21世纪时，不期而遇。两军对垒不可避免地出现了。尽管两位当家人考兹和威尔士都对外声称，他们各干各的，不关对方什么事，但媒体唯恐天下不乱，紧盯不放，一有风吹草动即推波助澜。学者认死理，粉丝、好事者、吃瓜群众大力围观、互怼，吵吵嚷嚷，一派热闹。

不列颠百科的拥趸揪住维基百科的软肋，对其精确性方面的缺陷发起猛烈抨击。一名曾编纂过《不列颠百科全书》的学者把维基百科比喻成公共厕所："你永远不知道最后一个用它的人是谁。"

维基粉丝则以流量反讽：（2008年）维基百科拥有以253种语言撰写的800多万个条目，仅法语版就有58万个条目，而可敬的《不列颠百科全书》"只不过"收录了10万多个条目。访问量的统计表明，维基百科当时已跻身全球十大网站之列！

研究机构也卷入了纷争。2005年下半年，罗伯特·肯尼迪（Robert F. Kennedy）的助手，也是《今日美国》（USA Today）创立时的编辑部主任约翰·席根塔勒（John Seigenthaler）突然发现，在维基百科的文章中他居然和肯尼迪被刺有关，这位被黑者怒不可遏。《今日美国》也发表评论炮轰维基百科毫无准确性可言。席根塔勒事件引发了对维基百科持续的关注和讨论。2005年12月15日，英国《自然》杂志刊登了特别报道：《互联网百科全书争锋对决》（Internet encyclopaedias go head to head），认为在科学条目的准确性方面，维基百科与不列颠百科非常接近，称两者错误"相差无几"，不列颠百科只比维基百科"稍微少一点"，维基百科的准确度几乎可以媲美不列颠百科。杂志组织了相关专家，从权威的"不列颠百科在线"和维基百科中各挑选了42个科学条目进行比对，评定的结果显示，维基百科有162个常识性错误，不列颠百科有123个常识性错误，并各有4个严重错误。不列颠百科平均每个条目出现2.92个错误，而维基百科平均有3.86个错误。维基百科与不列颠百科差错率之比仅为4∶3[①]。《自然》杂志1869年11月4日创刊于英国，是世界上最早的国际综合性科技期刊，涵盖生命科学、自然科学、临床医学、物理、化学等领域，报道和评论全球科技领域重大的发现、重要的突破，发布非常广泛的科学领域的原创研究文章，要求科研成果新颖，在学术界享有盛誉。在为数众多的综合性科学期刊中，它被引用的次数名列世界第一，权威性似乎不容置疑。这个消息当即引发了轰动，维基百科声名大振。2005年末，维基百科访问量的增长速度突然激增，日访问量从每日增长10%上升到30%[②]。

作为皇家血统的"百年老店"，不列颠百科岂止是"不服"，与乌合之众相提并论更使它感到奇耻大辱。在《自然》杂志的文章发表后，拥有100名专职编辑、数千名专家的不列颠百科调兵遣将，对《自然》杂志的文章仔细分析，对被指出的每一个错误进行对比。然后，一向低调的不列颠百科向《自然》杂志展开了"炮轰"，要

①Nature Exclusive News. Internet encyclopaedias go head to head[J]. Nature，2005，12（900）.
②罗志成，付真真. 外部因素对维基百科序化过程的影响分析[J]. 图书情报，2008，5.

2005年12月15日，英国《自然》杂志刊登了特别报道，认为在科学条目的准确性方面，不列颠百科的错误只比维基百科的错误"稍微少一点"，继而引发了有关新媒体和传统媒体比较的持续论战。

nature                                    Vol 438;15 December 2005

# SPECIAL REPORT

## Internet encyclopaedias go head to head

Jimmy Wales' Wikipedia comes close to Britannica in terms of the accuracy of its science entries, a *Nature* investigation finds.

One of the extraordinary stories of the Internet age is that of Wikipedia, a free online encyclopaedia that anyone can edit. This radical and rapidly growing publication, which includes close to 4 million entries, is now a much-used resource. But it is also controversial: if anyone can edit entries, how do users know if Wikipedia is as accurate as established sources such as Encyclopaedia Britannica?

Several recent cases have highlighted the potential problems. One article was revealed as falsely suggesting that a former assistant to US Senator Robert Kennedy may have been involved in his assassination. And podcasting pioneer Adam Curry has been accused of editing the entry on podcasting to remove references to competitors' work. Curry says he merely thought he was making the entry more accurate.

However, an expert-led investigation carried out by *Nature* — the first to use peer review to compare Wikipedia and Britannica's coverage of science — suggests that such high-profile examples are the exception rather than the rule.

The exercise revealed numerous errors in both encyclopaedias, but among 42 entries tested, the difference in accuracy was not particularly great: the average science entry in Wikipedia contained around four inaccuracies; Britannica, about three.

Considering how Wikipedia articles are written, that result might seem surprising. A solar physicist could, for example, work on the entry on the Sun, but would have the same status as a contributor without an academic background. Disputes about content are usually resolved by discussion among users.

But Jimmy Wales, co-founder of Wikipedia and president of the encyclopaedia's parent organization, the Wikimedia Foundation of St Petersburg, Florida, says the finding shows the potential of Wikipedia. "I'm pleased," he says. "Our goal is to get to Britannica quality, or better."

Wikipedia is growing fast. The encyclopaedia has added 3.7 million articles in 200 languages since it was founded in 2001. The English version has more than 45,000 registered users, and added about 1,500 new articles every day of October 2005. Wikipedia has become the 37th most visited website, according to Alexa, a web ranking service.

But critics have raised concerns about the site's increasing influence, questioning whether multiple, unpaid editors can match paid professionals for accuracy. Writing in the online magazine *TCS* last year, former Britannica editor Robert McHenry declared one Wikipedia entry — on US founding father Alexander Hamilton — as "what might be expected of a high-school student". Opening up the editing process to all, regardless of expertise, means that reliability can never be ensured, he concluded.

Yet *Nature*'s investigation suggests that Britannica's advantage may not be great, at least when it comes to science entries. In the study, entries were chosen from the websites of Wikipedia and Encyclopaedia Britannica on a broad range of scientific disciplines and sent to a relevant expert for peer review. Each reviewer examined the entry on a single subject from the two encyclopaedias; they were not told which article came from which encyclopaedia. A total of 42 usable reviews were returned out of 50 sent out, and were then examined by *Nature*'s news team.

Only eight serious errors, such as misinterpretations of important concepts, were

900

求《自然》杂志撤下发表的文章。2006年3月，不列颠百科在网站上发布长篇文章，指责《自然》的比较犯了严重错误：挑出来的不列颠百科的错误文章其实不全部取自百科全书，其中两篇文章取自《不列颠百科全书年鉴》，而不是百科全书本身，另两篇取自《康普顿百科全书》（不列颠百科全书公司收购的品牌）。另有一篇来源不明。此外有些是百科全书中数篇文章结合在一起的内容，有些被《自然》说成是错误的实际上并非是内容错误（只是拼写错误）等等。"《自然》杂志的研究混乱不堪，他们的结论错误百出，没有丝毫的说服力，没有任何值得一提的地方。"

不列颠百科的执行主编西奥多·帕帕斯（Theodore Papas）还指控《自然》杂志在进行这项研究时"偏袒"维基百科。他说，《自然》在发表研究文章的当天，不仅配发了维基百科创始人威尔士的大幅照片，还发表了称赞维基百科的社论。

同样也是"百年老店"的《自然》杂志也较着劲，拒绝了不列颠百科的指控，并称其研究十分公正。2006年10月，《自然》的700名作者，也就是专业科研人员进行了第二次评估，结果他们当中的80%对维基百科持肯定态度。

2006年11月，互联网研究刊物《第一个周一》（*First Monday*）发布了258名科研人员对维基百科中科学条目的评估。结论是，阅读同样的条目后，专家们比外行更认可这些条目。

对大牌机构和专家的论证，许多人并不买账：维基百科在这几次评估中的表现值得肯定，但这能代表它的总体可信度吗？很难说。一方面是因为这些研究只涉及维基百科的一小部分科技内容，另一方面是因为维基百科处于不断的演变中。后者导致条目质量既取决于编辑过程，也取决于参与者的水平。

即便是科技条目，也有人立即就其荒谬性举证：维基百科2007年11月发布的"臭氧层"条目写道："（南极上空的）臭氧层空洞在2006年10月初变得前所未有的稀薄。当时，阿根廷乌斯怀亚（Ushuaia，世界最南端的城市）的居民在户外活动时必须要有所遮盖，否则就很可能被活活烧死！"说紫外线能毁坏布料是正确的，但要说它们能"活活烧死"乌斯怀亚的居民则是夸大其词。这只是偶然现象？维基百科充斥着此类或更严重的错误吗？

不列颠百科粉丝进一步指出：维基百科面临的重大问题还包括网站的条目覆盖面不均，有关宠物小精灵和女色情明星的条目信息相当全面，但有关女小说家或者撒哈拉以南非洲等地区的页面则内容匮乏。还有，权威性的条目晦涩难懂。

维基百科粉丝马上反击：光是英文版的维基百科，每个月就有100亿个页面被浏览。当出现如波士顿马拉松爆炸这样的大事件的时候，数小时内维基百科就会出现来源广泛的相关条目，而且那些条目每分钟都会有更新。由于没有别的像它这样的免费信息来源，很多互联网服务都依赖它。在谷歌上搜索或者在iPhone上向Siri发问，通常都会获得从该百科全书中提取出来的信息。维基百科要么就是"歼灭"了其他的同类服务，要么就是使得它们在谷歌搜索结果中的显示非常靠后，如被微软关闭的Encarta和年收费70多美元的不列颠百科。

无论如何，维基百科上那些恶作剧的糗事还是被一次次抖落出来。

2007年3月，维基百科网页报告说50岁的喜剧明星

南非好望角的小企鹅群。地球臭氧层受到人类活动破坏，在南极上空露出空洞，宇宙辐射直接照射地表的动植物，对它们的生存造成威胁。如果臭氧层继续受到破坏，会对小企鹅造成不可逆的损伤。人类要自省了！

辛巴达去世了。恶作剧散播开以后，还健康活在人世的辛巴达（Sinbad）接到了他女儿的电话以及数百个短信和邮件。维基百科只能暂时终止"辛巴达"条目的编辑以阻止进一步的恶搞。其他被维基百科提前宣告死亡的人士还包括：民主党参议院爱德华·肯尼迪（Edward Kennedy）、女明星麦莉·赛勒斯（Miley Cyrus）、谷歌公司的创始人之一谢尔盖·布林（Sergey Brin）和喜剧演员保罗·莱瑟（Paul Reiser）等。

爱德华斯·欧文斯（Edwards Owens）是个虚构的人物，在维基百科上却一度成为真实的存在。2008年12月3日，一群乔治梅森大学（George Mason University）的学生设计了一个名叫"对过去撒谎"的课程计划，这个计划是让学生们去了解那些历史骗局是怎样形成的。计划的一部分就是在维基百科上创建"欧文斯"这样一个条目，"他大概在1852年至1938年这段时间生活在弗吉尼亚，在1873年的大萧条时期屡遭不幸，而不得不在切萨皮克湾干起了海盗的勾当。"在包括《今日美国》等报刊纷纷引用了这个条目之后，主讲该课程的教授不得不站出来澄清这只是个恶作剧。

2009年3月29日，曾为《日瓦戈医生》《印度之行》《人鬼情未了》等150多部影片配乐，并三获奥斯卡奖的法国电影作曲家莫里斯·贾尔（Maurice Jarre）去世。一个名叫肖恩·菲兹杰拉尔德（Sean Fitzgerald）的都柏林大学学生，立即在维基百科贾尔条目中伪造了一句贾尔本人的话："有的人会说我的生命就是一条长长的音轨。音乐就是我的生活，音乐赋予我生命，在我离开人世许久之后它使我仍能被人们铭记。当我即将死亡时，我的脑海中将响起只有我能听到的那最终的华尔兹。"接下来，英国《卫报》等众多报刊、广播、电视、网络媒体的讣告受骗上当，使用了上面这句话。没有人发现这是捏造的，直到一个月后菲兹杰拉尔德自己挑明此事。他说"实验的结果让自己感到震惊"。这并没有损害贾尔的形象，但最终损害了维基百科，以及一众媒体的信誉。

被诟病的事情还有不少。如：前英国首相托尼·布莱尔（Tony Blair）条目，曾经说布莱尔在少年时期把希特勒的画像贴在了卧室墙上；第43任美国总统小布什（George Walker Bush）任职期间，他在维基百科网页上的照片曾被换成希特勒的照片；大卫·贝克汉姆（David Beckham）条目中，称他18世纪曾经在中国当过足球守门员；2007年，有人指出马萨诸塞州众议员马提·米汉（Marty Meehan）的维基百科条目变动失准，他做议员

《日瓦戈医生》剧照。该片由利恩执导，沙里夫、克里斯蒂主演，法国电影作曲家贾尔配乐，于1965年12月22日在美国上映。2009年菲兹杰拉尔德在维基百科上编造的贾尔"遗言"曾让人们深信不疑。

不会超过4届的竞选承诺被删除了，当时他正在第7届任期；2011年初，讽刺性报纸《洋葱头》（*The Onion*）的头版标题写道："维基百科庆祝美国独立750年"等[①]。

广为阅读的条目中的错误会被迅速纠正，但是其他条目中的错误信息有可能保留较长或者很长时间。当时对维基百科批评最猛烈的人之一是其共同创建人桑格。维基百科创建不到两年，他就因与威尔士意见不和，同时因正值互联网泡沫破裂而被解雇。2006年桑格另立门户，发起了"大众百科"（Citizendium），这是一部维基式的百科全书，"专家做少许监管"，撰稿人使用真实姓名，意在与维基百科竞争。在桑格看来，鉴于项目的性质，维基百科根本不可能避免差错，如果不进行洗心革面的改变，丑闻不可避免。

维基百科的基本规则同样招致了质疑：维基百科努力提供信息的出处，但由于每个人都能修改条目，对它的批评反而比对其他媒体的批评更多。对于这些媒体，

---

[①] 商业周刊编辑部. 维基百科十年回顾[J]. 商业周刊中文版，2011，2.

人们不假思索地自然就认为它们是可信的，但或许应该对此提出更多质疑。"自我调整"或多或少地起着作用，但这就能使维基百科成为可靠的信息源吗？这还得视情况而定。一个没有产生异议的条目并不意味着其内容是准确的，在科学部分尤其如此。只要提供条目的参与者相信他引用材料的质量，而又没有任何维基百科人具有评估其准确性所必需的水平，错误就有可能隐而不显。

学术界、教育界对此意见不一，陷入两难：我们在维基百科看到的究竟是哪种知识？怎么能够确定它收录的几百万个条目全是可靠的呢？在巴黎第八大学，一些教师甚至把在维基百科上编写条目作为学生获取部分学分的可选方式，这无疑是对其权威性的肯定。同时，一些学校指定作业、论文的参考资料须使用不列颠百科；一些初中教师禁止学生使用维基百科，理由是那里的信息来得太容易，导致学生不想学习使用其他信息源，同时维基百科提供的信息也不够可靠。

面对质疑，维基百科再次表态：为了营造一个自由、开放、兴趣至上的合作氛围，我们坚持不设"官方"专家。对维基百科这部随时纳入最新科学事件与知识的协作型百科全书而言，"我们与那些持传统百科全书观点的人有冲突"。维基百科举例说：2007年诺贝尔奖一公布，维基百科中马上就出现了对物理学奖的法国获奖者阿尔贝·费尔（Albert Fert）的介绍。但这绝不是传统百科全书的做法。以《环球百科全书》（*Encyclopaedia Universalis*）为例，该百科全书有约200名合作者时刻关注着各种日常消息。当一个新主题引起他们注意时，百科全书的20多名编委便举行会议，然后将选题通知20名常任编辑中的一人，后者再从百科全书的7 200位作者中选择一人撰写条目。这些作者与合作者均为获得同行认可的专家，从事着该学科的教学、研究或专业报道工作。初稿完成后，先经作者与编辑四五轮的协商修改，再由编辑委员会最后定稿。直到这时才能将该条目加入百科全书词库，并署上作者名字。这一程序往往需要费时三四个月以上。

　　维基百科创始人威尔士发出公开声明，敦促投稿人更重视质量而不是数量。他引用《自然》杂志的研究结果称，维基百科的错误率只比著名的不列颠百科略多，但是他承认这一结果是"幸运的"，因为《自然》只研究了科学门类下的文章，而这是维基百科人才社区的亮点。他认为，从数量上维基百科已经达到了成为全面的百科全书的目标，但是，如果文章能提高质量就会使维基百科更有价值。他表示："尽管我们一直以达到或超过《不列颠百科全书》的质量为目标，我们都知道这还没有实现，我们应该继续将关注重点从数量增长转向质量提高。"一些陆续推出的改进将有助于提高质量，例如，写明出处、编辑工具将为修改文章提供便利等。威尔士还鼓励社区减少缺乏出处的在世者自传，"我们有责任把事情搞对"。

　　之后，维基百科最活跃的志愿者推出了一连串的新编辑工具和管理程序，以打击恶意编辑行为。他们开发出软件，可以让其他编辑可以迅速查阅条目的变化，一键将其驳回，或者向作者提出警告。他们启用了自动化

"机器人"，推翻格式不当的条目变化或者很可能是搞破坏的条目，及向违规编辑发出警告。他们还借助"维基百科扫描器"（Wikipedia Scanner，交叉搜索撰稿人网络地址的软件），揪出那些隐藏的肇事者。

维基百科尝试着把更多权力集中在"管理员"手中，他们可以对经常受到人为操纵的网页进行删除和恢复操作，或者锁定网页使其不可编辑。这些改变给某些条目带来了一定的稳定性。

条目数的增加如此之快，仅靠参与者"自我调整"已经跟不上趟儿了。维基百科再一次以技术寻求解决方案：评估自动化。设计程序自动追踪引用材料的引用率、参与者的信誉度，或条目的改动历史（扩充、编辑战、删除意见等记录），并将分析结果用指数、图表、颜色标注等形式在条目页面上展示。设计者认为，这能帮助读者了解该条目内容的可靠程度，不断降低维基百科的错误率，直至接近或达到传统百科全书的水平。

维基百科走过了混乱、脆弱的时期。在乱局中制订规则，解决一个又一个问题，形成了日后赖以壮大的几大基石。引入技术加快编写速度，确立开放社区的组织规范，中立的观点，可供查证，非原创研究，版权共享，实现非商业化并提高可信度，用户的广泛参与、共建、共享。还有编写规则不断细化，比如"三还原法则"（three-revert rule），在2004年被正式定为站规，即24小时之内三次恢复相同文本的用户将被禁止编写条目一天，以防止垃圾信息和无休止的口水战；2005年推出新的事实校验和实时同级评审规则及程序；自2005年底起

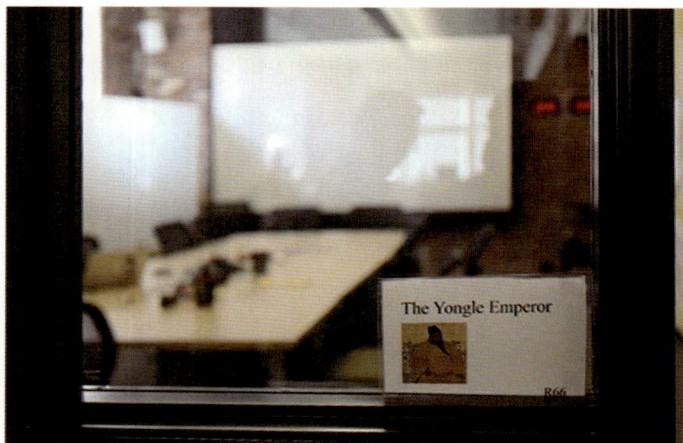

维基百科总部66号媒体会议室以永乐帝名字命名。这位国明代皇帝曾经命缙、姚广孝等编纂《永乐大典》,《不颠百科全书》称之"有史以来最大的科全书"。

禁止匿名用户编写新文章,只有注册用户可以编写新文章;等等。其内容可信度得到大幅提升。

维基百科顺应历史趋势,成为了知识社会条件下用户参与、大众创新、开放创新、协同创新的展示平台。它的面貌态势日新月异,令人啧啧称奇。

2003年1月22日,英文维基百科达到10万条目,这是里程碑式的纪录。2007年9月9日突破200万条目,成为有史以来世界上最大规模的百科全书,打破了1407年编成的《永乐大典》保持了长达600多年的纪录。《永乐大典》是中国明代官修的大型综合性类书,始纂于永乐元年(1403),永乐五年完成。初名《文献大成》,后经增订重修,命名为《永乐大典》。正文为22 877卷,凡例、目录60卷,装订为11 095册,保存了明代以前大量的哲学、历史、地理、语言、文学、艺术、宗教、科学技术等方面丰富的资料。书面硬裱,以黄绢连脑包裹。封面左上首签题《永乐大典》四字。其篇幅之大，搜罗之广，缮写之工整，装潢之精湛，为当时世界上罕见的珍品。可惜明末藏书的文渊阁被焚，以及咸丰十年（1860）英法联军和光绪二十六年（1900）八国联军入侵北京，《永乐大典》几遭浩劫，部分被烧毁，部分被抢走，余者寥寥无几。笔者2012年曾到维基百科总部访问，见66号多媒体会议室竟然以永乐皇帝（明成祖朱棣）命名。在21世纪初印刷的《不列颠百科全书》中仍被称为"有史以来最大的百科全书"的《永乐大典》，正是永乐皇帝命解缙、姚广孝等编纂的。600多年后，永乐皇帝仍被大洋彼岸网络百科全书的创始者所景仰。

同年，维基百科的访问量排进全球前十。2012年初，维基百科共有285种独立运作的语言版本，仅印度就有20种语言版本（北印度语、泰卢固语、马拉地语、泰米尔语、曼尼浦尔语、孟加拉语、古吉拉特语、马拉雅拉

永乐大典》共22 877，分装11 095册。屡遭厄运，损毁殆，至今仅存嘉靖副418册823卷，散藏9个国家和地区的1个公私收藏机构。

姆语、乌尔都语、尼泊尔语、艾纳德语等）。收录了超过
3 000万条目，其中英语维基百科以超过450万条目在数
量上位居首位。其编辑次数超过12亿次，每天都有来自
世界各地的许多参与者进行数百万次的编辑。根据知
名的Alexa Internet的网络流量统计数字，当时全世界总
共有近3.65亿名民众使用维基百科，每个月便有将近2.7
亿的美国人前往该网站浏览。2012年10月25日，维基百
科新版移动版页面正式发布。2015年11月1日，英文维基
百科条目数突破500万。今天的维基百科已经有了285种
不同语言的版本，总条目数3 000万，每个月有超过200
亿的浏览量和约5.16亿个独立访客，是世界上访问量排
名第5的网站，仅次于谷歌、雅虎、微软和脸书；领先于
亚马逊、苹果和eBay。维基百科还是全世界最大的无广
告网站。

在维基媒体基金会旗下，还围绕维基百科建构了若
干项目，协调管理、辅助编辑、资源共享。

元维基（Meta-Wiki），创建于2001年11月，负责维
基媒体基金会下各维基媒体计划之间的协调工作，是众
多维基媒体的发送消息中心。具体作用有：讨论和成立
包括维基百科计划在内的维基媒体计划以及讨论相应
的方针政策；为可能不中立的个人阐述提供论坛；组织
和准备相关内容并协调各语言版本维基百科的发展；对
使用维基系统软件提供帮助。维基词典（Wiktionary），
2002年12月12日启动，维基百科的姊妹工程。目标是创
建一个基于所有语言的自由的维基词典。目的旨在收录
字词的字源、字义、读音、拼法以及对应的外文词汇。在

维基词典中并不详谈字词的文化背景、文化意义等，由此区别于维基百科。主要语言版本有：英语、法语、希腊语、伊多语、俄语、土耳其语、越南语、汉语、德语、芬兰语、意大利语、波兰语等。维基教科书（Wikibooks），2003年7月10日开放，维基百科的姊妹计划，计划收集自由的教科书、目录或其他用户自己编辑的书。网站内所有内容在GNU自由文档许可证下发布，必须确定版权已被作者放弃，或确定内容在自由授权（Copyleft）许可证下发布。在维基教科书以下又有两个分支工程：维基儿童教科书（Wikijunior）和维基学院（Wikiversity）。前者为0岁到12岁的孩子们提供非虚构读物，这些读物以专科百科全书、教科书或初级读物的形式呈现；后者是一个自由开放的学习和研究社区，现已成为独立项目。维基文库（Wikisource），2003年11月4日启动。维基百科的姊妹计划，目的是创建一个自由的、基于维基的知识仓库，建立一个不断增长的免费文本内容的图书馆，包括每一个语言版本的完整原始文献，并且把这些文献翻译成多种语言。维基共享资源（Wikimedia Commons），2004年9月7日启用。是一个存放自由开放的图片、声音及其他多媒体，还包括文献和演讲等档案的多媒体资料库、资源中心。上载的档案可在其他维基计划中使用，包括维基百科、维基教科书、维基新闻等。维基新闻（Wikinews），2004年底公开测试，记录全球和区域新闻事件，重要目标是建立一个新闻资料库，方便为其他计划引述、参考，当然也包括维基百科。维基语录（Wikiquote），2003年6月27日建立，维基百科的姊妹计划，汇集各种语言的名人名言以及谚语等。这些名人名言被从原始语言翻译成其他语种供在线查阅，同时为维基百科提供补充资料。目前已经做出成品的语言包括保加利亚语、波士尼亚语、德语、英语、西班牙语、法语、意大利语、波兰语、葡萄牙语、俄语、斯洛伐克语、斯洛文尼亚语、阿拉伯语、捷克语、希腊语、世界语、波斯语、芬兰语、加里西亚语、希伯来语、匈牙利语、印尼语、伊多语、日本语、库尔德语、立陶宛语、荷兰语/霍兰语、挪威语、罗马尼亚语、瑞典语、土耳其语、上古英语、加泰兰语、丹麦语、冰岛语、朝鲜语/韩国语、拉丁语、卢森堡语、新挪威语、阿尔巴尼亚语、塞尔维亚语、泰语、阿非利堪斯语/南非荷兰语、科西嘉语、印地语、克罗地亚语、泰米尔语、鞑靼语、乌尔都语、越南语、沃拉普克语等。"心灵是自由的，鼓起勇气随心飞翔！"名人名言从英语转换成上百种语言，飞向世界各个角落。

　　区别于传统百科全书的一本正经、高深莫测，维基用户基于"万物皆可萌的百科全书"的奇思妙想，创作了"维基百足""维基娘"等吉祥物形象，且获得了维基创始人及维基社区的青睐。维基百足（Wikipede）是一只腼腆的小虫，一般被称作"基普"（Kip）。他坐在树下，远离争议和冲突。他吃棒棒糖，偶尔喝马黛茶（mate）。尽管他通常是虔诚的素食主义者，但有时也会吃块鲜美多汁的牛排。据说他拥有物理、哲学、历史、兽医学位，但却选择了放弃这些微不足道的事业，转而投身于在维基百科上分享知识，从而让世界更美好。维基娘（Wikipe-tan）是一位活泼精灵的卡通少女，一头偏

维基娘是维基百科拟人化的角色，多以身着女仆装和连筒袜的形象出现。是英文维基百科动漫专题、反破坏小分队和管理员训练的吉祥物。图自维基百科。

灰蓝发扎成双马尾，一双碧蓝的大眼睛，身着蓝底白襟的女仆装、连裤袜，胸前及头发发夹处，别着三片维基百科标志拼图，上面分别写有中文、希腊文以及日文。这一形象是由一名日本用户创作上传的。维基娘的生日被定为英文维基百科上线的日子，即2001年1月15日。在2007年1月结束的维基百科吉祥物投票中，维基娘屈居老三，维基百足高票胜出摘取桂冠，尽管有人说"这货丑爆了"！不过，维基娘依然持续活跃着。维基吉祥物和维基百科一样都采用GNU自由文件授权条款，其形象免费使用。维基动漫专题、军史专题、反破坏小分队等"纷纷拜倒在维基娘裙下"，使用维基娘的形象并作为吉祥物。一大波维基娘语录应时而生。诸如："维基百科才不是印刷品呢""维基百科才不是辞典呢""维基百科才不是让你自嗨的地方呢""维基百科才不是宣传工具呢""维基百科才不是镜像站或者原始数据库呢""维基百科才不是网志、网站空间提供者或社交网络呢""维基百科才不是手册、攻略书、教科书或科学杂志呢""维基百科才不是占卜师呢""维基百科才不是整天想着弄大新闻的记者呢""维基百科才不是不经筛选的资讯收集处呢""版权侵犯,删除""不中立观点,删除""无可靠来源,删除""原创研究,删除""关注度不足,删除",等等。这些所谓语录,其实正是维基百科的站位及规则,它们假借人们喜闻乐见的动漫吉祥物之嘴道出,轻松、传神,朗朗上口,流转甚广。

2013年,经国际天文学联合会认证,一颗小行星以维基百科命名,即小行星274301-Wikipedia。它2008年8月由乌克兰安德鲁绍夫卡天文台发现,2013年1月27日获名。获名的消息于2013年1月30日公布,当日恰是乌克兰语维基百科第一篇文章发表9周年。小行星命名是一项国际性、永久性崇高荣誉,而编号是1000的倍数的小行星,一般以特别重要的人、物来命名。如编号1000的小行星,以第一颗小行星"谷神星"的发现者皮亚齐命名,编号3000-达芬奇,编号6000-联合国,编号8000-牛顿,编号21000-百科全书,等等。编号21000-L'Encyclopedie(百科全书)的小行星,1987年1月26日由比利时天文学家艾瑞克·埃尔斯特(Eric Walter Elst)在智利的拉西拉天文台发现。将其命名为百科全书星,用以纪念"百科全书派"和他们编写的《百科全书》。《百科全书》作为启蒙时代的主要著作,

《丹尼斯·狄德罗》。路易·范·卢创作于1767年。狄德罗以及"百科全书派"在启蒙时代编写的《百科全书》，是现代百科全书的奠基之作。更重要的是，这是"一部改变人们思想方法的辞典"。20世纪80年代，一颗小行星被命名为"百科全书星"，以作为对他们永久的景仰和纪念。

成为人类文化史上不朽的里程碑，一如黑暗中灿亮的星辰，指引人类前行的方向。而维基百科星的获名，则用以纪念这个当今世界上最大的参考工具书和互联网访问量最活跃的网站，自由、开放、合作编辑的多语言网络百科全书。2018年12月，维基百科入围2018世界品牌500强，位列第90位。

而不列颠百科，也行进在新的蜕变中。

# 最后一印

2012年3月13日，一则启事挂上了不列颠百科编辑部官网："这套厚重的百科全书，作为全世界众多拥有者和读者思想启蒙的源泉，已经在书架、图书馆和企业档案馆存在了244年。它们一直在那里，年复一年。从1768年那一天起，每一天都在那里。但很快它们将不再出现。今天我们宣布，当存货清空时，32卷的《不列颠百科全书》将不再继续印刷。这是一个重大事件？或许是吧，毕竟，它已经占据了千年时间的四分之一。但从某种意义上讲，今天也是人类知识演变的另一个历史性节点。更重要的是：这套百科全书将会继续存在——以更大、更全面、更有活力的虚拟化形式存在。这和我们出版商坦然的态度同样重要，在数字时代，服务知识与学习的方法已经远不是传统的继续。实际上，我们已经开始了新的方式。"

《不列颠百科全书》宣布停止纸本印刷，这则消息迅速登上了世界各大网站头条，媒体以《在黑底金字的大书支撑很多人的书架244年之后，〈不列颠百科全书〉终于死亡》为题追踪报道。这犹如引爆了一枚重磅炸弹，

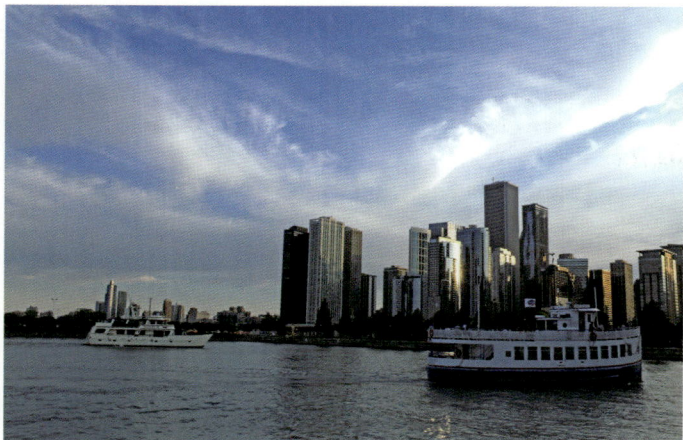

芝加哥海军码头。不
列颠百科全书公司总
部可见。2012年3月
13日,不列颠百科宣
布已经延续244年的
纸本停止印刷,是世
界传统百科全书乃至
传统媒介蜕变的标志
性事件。

尤其在美英民众中,立即引起轩然大波。

　　尽管彼时大量的信息已由纸墨转变为数字荧屏形式呈现,但是一套出版了将近250年的书籍停印似乎仍然是件大事,更何况,《不列颠百科全书》在漫长的历史中,与太多的人结下了记忆、情感、精神的深厚联系。人们唏嘘不已、感慨万千!推特上写满了人们各式各样的留言,有的表示极大的震惊,有的说是维基百科打败了不列颠百科,有的则愤怒指责不列颠百科向网络低头和妥协,有的抒发了怀旧的悲凉。有人写道:"我很抱歉我没有忠实于你,不列颠百科。维基百科在那呢,而且很方便,可是这不意味着什么。求你回来吧!"

　　然而,停印事件的主角这时却神闲气定。宣布消息的当天,在不列颠百科总部,高层管理人员和员工们举行了一场欢乐的聚会。室内陈列着244个银色小球,每一个象征着纸质版印刷的一年。在音乐伴随的欢声笑语中，大家把纸质版给吃掉了——那是一块雕着"32卷，129磅"字样的百科全书形状的蛋糕！他们举起香槟碰杯，庆祝老朋友的离开和一个新时代的到来，庆祝不列颠百科仍然是一个还在成长和富有活力的公司！

蛋糕上的"129磅"字样，是32卷纸质版《不列颠百科全书》的总重。说起《不列颠百科全书》的重量，这里不得不提及两则小故事。一则与滚石乐队吉他手、滚石建队元老基思·理查兹（Keith Richards）有关。他在1998年灾难性的一天遭遇了独特的意外。当他伸手去拿家中书柜上一本达·芬奇（Leonardo da Vinci）所著的解剖学书籍时，书架突然倒塌了，一整套重129磅的《不列颠百科全书》像瀑布一样倾泻而下，砸落在他身上。他左边的肋骨断了三根，滚石乐队不得不推迟了欧洲巡演的启幕。但理查兹从容不迫地处理了这一不幸。"生活的所有部分都是丰富多彩的盛会"，他笑着说①。

另一则来自悬疑作家露丝·伦德尔（Ruth Rendell）。在其第七部短篇小说集《食人鱼、皮屑和其他故事》（*Piranha to Scurfy and Other Stories*, 2000）中，作家描绘了如下场景：他的双手在桌子上移动，停留在书脊上索引字母为P—S的那卷书上。他用双手举起它，尽可能地把它举过头顶，再用力砸下去。一次，两次，一次又一次。开始时她发出尖叫，然后就没了声响。她摇摇晃晃地跪在地上，他用《不列颠百科全书》第8卷将她击打倒地。她是一个老妇人，无力反抗，很快就死了。他很不

---

①Encyclopædia Britannica, Inc. Encyclopædia Britannica Anniversary Edition［M］. Encyclopædia Britannica, Inc., 2018：716.

愿书上沾血——她教他书籍是神圣的——但没有血。血流在她的胸腔内。

纸版停印一年后，时任不列颠百科全书公司总裁的考兹，站在《哈佛商业评论》（*Harvard Business Review*）讲坛上回顾了他当时的心情："我们不需要守灵，因为我们没有处于伤悲之中。我们在此之前已经知道在未来的某天，这个时刻会到来，这仅仅是一个精心规划的战略转型的最后阶段，而这种转型我们已经做了35年。"[①]

从20世纪70年代中期开始，为了便于每年修订，《不列颠百科全书》的内容开始电子化，并开始寻求电子出版路径，在90年代先后推出了光盘、线上百科。接下来更细分了用户群，针对不同机构、用户推出了量身定制的在线数据库。2001年，维基百科创立，随后取得了极大成功。原来漫不经心，没把对方当回事的考兹幡然醒悟，意识到对不列颠百科来说，新的游戏转换者出现了。恐慌过后，不列颠百科应对以新的战略决策：减少用户工具书，增加对K-12市场的投入。尽管2000年为K-12学校提供学习入口的产品遭遇惨败，但2002年推出的网络教学版却获得了成功。这是特别针对小学和中学设计的参考书和教学园地。它们与学校功课相关，在课堂和家里都能使用。包含评价体系，支持个性化的或者是"不同的"学习，以适应不同的年级和阅读水平的用户。公司雇用新人，在编辑部、产品研发部和市场部等关键部门配设课程专家。

---

①Jorge Cauz. How I do it［J］. Harvard Business Review，2013，3.

与其和维基混战，不如关注不列颠在线的质量。维基百科从数量到质量的进展将是一个漫长的过程，它长期的不可靠恰恰可凸显不列颠百科的优势——把专业的、基于事实的知识传给大众，这不但在社会上有持续的需求，在教育市场也是如此。"与许多的破坏性发明一样，维基百科的质量不高：如果它提供视频，视频会是粒状的，模糊不清的。不过消费者不在乎这些，因为维基有很多条目，又快捷又免费。我们不能仅靠质量或价格竞争。消费者更喜欢我们的工具书吗？是的。他们愿意为此付费吗？未必。"①

　　从2007年开始，不列颠百科全书公司的数字教育服务复合年增长率为17%，更新速率为95%，同时，纸质版百科全书销量在平稳下降，从2006年的6 000册到2011年的2 200册。生产纸质版不再符合基本的成本—利润分析要求。2010年的纸质百科全书售价为1 395美元，精装版共32册，重达129磅，但总收入不到公司收入的1%，公司约85%的收入来自包括数学、科学、英语等教育课程的相关产品，15%的收入来自网站订阅服务。与价格高昂的印刷版相比，数字版订阅费仅为每年70多美元。曾经，拥有一套纸质《不列颠百科全书》是许多人的梦想，但是，今天的情形发生了根本的变化。20世纪50年代，书架上放套《不列颠百科全书》，与车库里停辆旅行车或房间里摆台名牌电视机一样，既实用又能彰显中产阶级身份。然而，买套如此厚重的百科全书作

---

①Jorge Cauz. How I do it [J]. Harvard Business Review，2013，3.

为"家居装饰"是颇具经济压力的，很多家庭不得不为此分期付款，而2010年版1 395美元的标价，让它跟奢侈品一样让人难以承受。网络的兴起，为人们的知识获取提供了新的便捷途径。

2012年2月，管理团队发出号召——要么启动所有具体的工作，进行下一次的纸质版修订，要么终结纸质版的生产。不列颠百科最终选择了后者。这是用户对知识载体的认知发生永久变化的结果。2010年，《不列颠百科全书》迎来最后一印；最后一套在2012年售出。2012年3月13日宣布停印后，三周内卖光了所有4 321套库存。

公司同时宣布，在停止出品纸质版之际，已用30多年时间，完成了从传统出版商向领先的数字化学习供应商的转型之路，使自己跻身于在线教育产品市场的前沿。"在维基百科腾飞之时，我们不再和它是死对头。我们享有世界一流的参考资源，有50万的订阅者，我们以明显不同的方式将信息带给社会，但我们不再是仅有百科产品的公司。"[1]

这是一个标志性时刻。对于244岁的不列颠百科来说，辉煌的过去已经过去。

而《不列颠百科全书》从停印的那一刻起，也宣告已有2 000多年历史的西方传统百科全书进入历史新拐点。整个20世纪，各种各样的百科全书出现在人们的书架上。单以美国来说，除《不列颠百科全书》外，著名的

---

[1]Jorge Cauz. How I do it[J]. Harvard Business Review，2013，3.

还有《美国百科全书》(*Encyclopædia Americana*)《科
里尔百科全书》(*Collier's Encyclopedia*),三者各取首字
母称为"ABC百科全书",被世人称为"世界三大百科
全书"。三者各有特色。如果要寻找美国《独立宣言》等
重要文件,那就非《大美百科全书》莫属。它的最初版本
于1829—1833年间出版,内容偏重于美国和加拿大的历
史、地理和人物,有许多人物条目在其他百科全书中找
不到。而《科里尔百科全书》创编较晚,1949年第1版才
面市。此书以大、中学生为主要对象,内容编选考虑了
学校的课程设置,并且有分类的"学习指南"。这些昔日
有着庞大身躯、明争暗斗的对手,逐渐没落了,日子都不
好过。20世纪90年代,寻求与不列颠百科合作未果的比
尔·盖茨,转而购买了《科里尔百科全书》的内容,构成
*Encarta*的主要成分,一度成为最畅销的电子版百科全

书，但它在2009年已经停止继续开发和销售。而《大美百科全书》2000年被美商葛罗里收购后也一直在收缩，后来开始打学术牌，试图把自己定位为学校的参考书，但前途也不明朗。

纸质百科全书，变成了作家们的回忆。当得知《不列颠百科全书》不再出印刷版时，2012年3月16日，专栏作者伊恩·杰克（Ian Jack）在英国《卫报》上写道："推销员离开时没有签任何表格，给我们留下一堆我们已经有的书籍敷衍了事：一套维多利亚中期版的《钱伯斯百科全书》、亚瑟·米的《儿童百科全书》《皮尔斯百科全书》《维米托知识之书》。十二册的《钱伯斯百科全书》是战前的二手货，镀金字的书脊和大理石纹的扉页看上去很棒，不过因为出版太早，有很多应该知道的发现并未收入其中，关于尼罗河的源头就是一例。""《儿童百科》毫无疑问是20世纪的产物，书中也出现了双翼飞机的图片以兹证明，不过它善变无常的排列让人无从查起——它不是从A到Z的排列，而是从M到C再到Y。"① 美国的吉姆·索利斯（Jim Sollisch）发表了专门的文章："听到这个消息，就好像听到一个好朋友的死讯，曾经，'他'在所有方面都是唯一的权威，人们争吵的时候、解决分歧的时候都是找'他'作为最后正确的裁判。在古旧的、学院派的皮壳之内，'他'曾经很强壮而且很英俊。但'他'已经重病多年，活在这个世界上没有价值，仅是过去的影子。"②

---

① Ian Jack. Encyclopedia column［N］. Guardian，2012-03-16.
② 索利斯. 大英百科全书之死［N］. 南方都市报，2012-04-01.

纽约机场。餐桌、□
台、候机区…无处不
在、时刻明亮着的□
子屏，以及屏前聚米
会神的老、壮、青、
少、幼。

　　终止纸质版，有人黯然神伤，有人弹冠相庆，只当
进入新时代的仪式。"这和维基百科或谷歌没关系"，
面对人们的提问，考兹否认《不列颠百科全书》是被谷
歌或者维基百科打败的。在他看来，仅仅是因为现在网
络版的百科全书受众更多。

　　后来，有人建议不列颠百科重新考虑印刷限量的纸
质版，作为一些机构或个人的标志性收藏。考兹的回答
是"不"。"我们不想像年老的演员抓住自己的年轻过往
不放。你得与时俱进，而我们现在是数字化时代。一些
人可能会怀旧，但是我们不会去生产纸质版。作为一个

机构，我们已经翻过了那一页。"①

　　有趣的是，不列颠百科停止印刷，印刷版维基百科却问世了。早在2008年，一个英国学生制作了一卷奇厚无比的维基百科精选，然而里面的内容只占了整个维基的 0.01%不到。2015年6月，有关英文版维基百科全文纸质版的消息又引发轰动：将线上1 150万条维基百科英文条目转化成了可打印版本，成书共有7 600卷，而全套售价是500 000美元! 最后36册罗列出了750万个知识贡献者的名单。这是艺术家兼程序员迈克尔·曼迪伯格（Michael Mandiberg）的创意，在维基百科基金会、维基百科以及自助出版平台支持下，曼迪伯格在纽约丹尼画廊举办了名为"从 Aaaaa! 到 ZZZap!"的新展览，展示如何以一个程序来获取英文维基百科的整个数据库，创造出数千卷印刷本，并且把这些内容上传以便随时可以按需下载打印。

　　除了着力主攻在线教育K-12，公司对不列颠百科在线亦进行了编辑流程大改组，形成更具活力的新模态：邀约世界各学科团队加入，审阅、修订、更新内容，改变编辑推陈出新的模式，每四个小时（有时20分钟）更新一次，还创造了一套新流程，以便征集和使用不同群体提供的内容，增加条目。

　　在财务艰难期间，公司并未削减编辑投资。业务下滑时，从降低成本角度考虑，轻易就会认为削减长期在任的编辑的数量合情合理。但管理层认为，编辑质量是

---

①Jorge Cauz. How I do it［J］. Harvard Business Review，2013，3.

Ringer新闻中心的
"办公室革命",将旗
下报刊、电视、电台[ ]
整合,形成一个新闻[ ]
源、多种媒体、多[ ]
渠道分发的格局。[ ]
间的大桌子,不设[ ]
椅,主编们一律站着
聚集议事,以保证[ ]
时、高效。

产品定位最本质的要求,保证编辑质量会继续将不列颠
百科与不断增长的海量的不准确信息提供者区别开来。

"如果事实很重要,那么不列颠百科绝对是用户和广告
商可信赖的独立且权威的资源。我们的编撰使命以终身
学习者为中心,以能引发探求者共鸣和见解来推进问题
的解决。"

编辑人员的工作重点转向了数字化。1999年,在主
编戴尔·霍伊伯格(Dale Hoiberg,中文名何得乐)主持
下,编辑部开始对百科全书数据库进行长达数年的大规
模审查和修订。来自世界各地的学者对内容进行甄别和
改写,并就未涵盖的主题推荐新的文章。与此同时,聘
请了新的编辑,其中许多人拥有博士学位。通过编辑的
专业知识以及继续吸引本领域最重要的学者和专家,共
同努力提高数据库核心资源(约4 000多万字)的质量。

严格细致的方法和事实核查标准当然还要继续坚持，但数字出版要求内容每天更改，而不是每年。为此，公司在21世纪初对编辑人员和程序进行了重组，允许快速发表经过审查和事实核对的文章。

各个部门的工作被整合到一个具有凝聚力的平台上。不列颠百科在线除包括印刷版内容外，还进行了持续的增新、整合、修订，收录超过20万个条目、超过12万篇文章、超过2.3万篇传记、超过3万张图片、超过3 400张地图、统计图、超过3 300段影片、动画、声音文件等多媒体（按语言、数学、科学、社会科学、地理、世界研究、美国历史、艺术等主题分类），依时间序列按建筑、艺术、儿童时期、每日生活、生态学、探险、文学、医学、音乐、宗教、科学、运动、科技、女性历史等主题呈现的大事年表。编辑和媒体工作人员共同创建特色条目，如莎士比亚、诺曼底登陆日、黑人历史、西班牙裔遗产和妇女的历史等。他们摆脱印刷页面的限制，跟进用户需求，在文章中大幅增加照片和其他插图数量，并添加了音频、视频和其他多媒体。他们将内容和各种多媒体素材组织成视觉丰富的知识展示。每日传记、历史上的今天、百科BLOG、动物保护站、焦点新闻等网页，则专门提供相关主题的百科知识。它连结超过700种第三方许可使用的电子期刊，以及韦氏字典和辞典；连接超过3万个由专家、编辑组成的互联网指南团队推荐的网站，为读者进一步拓展知识获取渠道。它还提供超过215个国家的基本地理人口资料、地理状况、政经形势、贸易类型、军队、交通、通讯等，以及各类统计、相关文章、相关影像、多媒体数据、最近发生事件与相关网站资源等。来自不同群体的贡献者提供的内容、文章，经过核查可以及时发布。随着内容的频繁更新，记录更改变得至关重要。更改部分公之于众，征求意见，并确定最终对每个更改负责的外部贡献者和编辑。它还建立了不列颠百科知识博客，营造知识互动分享空间；设计了档案夹（Workspace）功能，鼓励读者建立个人知识档案。

对于不熟悉文本中包含的特定单词、术语的读者，可参阅梅里亚姆-韦伯斯特公司（Merriam-Webster，简称韦氏公司，不列颠百科的子公司）的词典和同义词典（统称韦氏词典）。韦氏词典是美国历史最为悠久的专业词典。其开山祖师是诺亚·韦伯斯特（Noah Webster），他于1828年出版了《美国英语词典》（*American Dictionary of the English Language*），这是第一部美国人自己编的词典，收70 000个单词，其中12 000词之前不曾在别的词典里出现。韦伯斯特因此获得"美国词典之父"的美誉。此外，这部词典首次确立美语的拼字原则，把英式拼法中不发音的字母如favour、harbour等单词中的"u"略去，改为favor, harbor；把centre之类字尾为-tre的单词改为center等，使得美式拼法与英式拼法正式分道扬镳。韦伯斯特于1843年过世，两位有眼光的出版人梅里亚姆兄弟（George & Charles Merriam）取得词典版权，聘请韦氏女婿等人根据1840年的第2版加以增修，于1847年问世，1859年版更增加图解，它是第一本有插图的美国词典。1864年梅里亚姆-韦伯斯特的足本韦氏词典收词已是1828年版的3倍，由机器人化身罗丹最著名的雕塑"思想者"。20世纪90年代后，机器人跨入智能时代。智能机器人有相当发达的"大脑"，可以进行按目的安排的动作，可以进行复杂的逻辑推理、判断及决策，在变化的内部状态与外部环境中，自主决定自身的行为。它已经越来越广泛地应用于包括媒体业在内的众多领城。

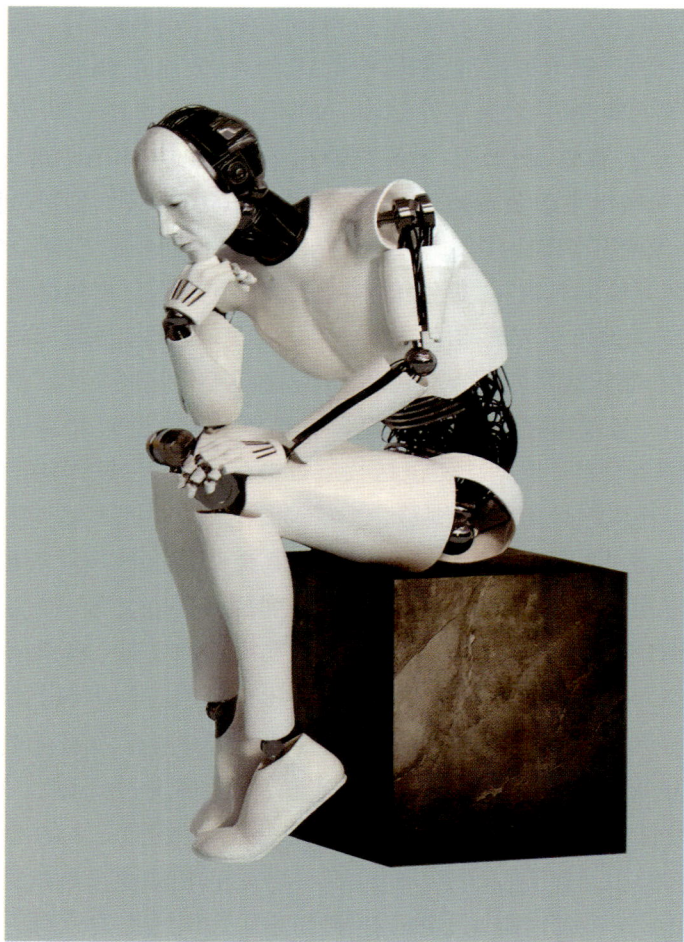

于定义清晰，举例周详，用法说明有独到之处，出版不久就成为美国政府、出版社、学校，甚至最高法院英语拼字、用法和解释的依据。韦氏公司还在1909年、1934年及1961年出版收词超过500 000个的《韦伯斯特新国

际词典》(*Webster's New International Dictionary*),其中1961年的第3版打破传统范式定义,改用符合当时英语实际用法的描述性定义,引领词书编辑、语言研究风尚。这些都奠定了韦氏词典在美国人心目中的地位。1964年韦氏公司被不列颠公司收购,成为其子公司。1996年韦氏在线正式开通,提供免费在线词典。它建立了开放词典机制:提供维基式服务,贡献者可以有机会提交新词和定义等。韦氏词典的地位在美国人心目中无可动摇,韦氏就是词典,词典就是韦氏,两者几乎是同义词。

　　不列颠百科在线界面设有浏览、一般检索和高级检索功能。浏览功能包括按字母顺序浏览、主题浏览、年鉴浏览、贡献者浏览、世界地图浏览、时间(大事纪年表)浏览、名人经典著作和热点文章浏览等。检索功能可根据不同需求,选择检索不列颠百科完整版、简明版、精选网站或影像等不同层次和类型的文献,检索结果可按文字、地图、图片、表格、影像资料、索引等分类显示,还可以检索世界各地的统计资料并进行国家间的比较。纸本时代,索引被放置于独立的印刷册中,现在,由不列颠百科信息专家维护的索引被整合到了"主题地图"中。读者在阅读不列颠百科中关于中国的一篇文章时,还可以直接在屏幕上看到其他文章中的相关讨论,以及对相关人物、地点和事件的报道。纸本时代,《不列颠百科全书》的作者署名只在文章末尾(或较长条目的章节末尾)以首字母表示,现在屏幕上主要投稿人姓名出现在条目前,点击可快速浏览这些名家大家的相关信息。

付费订阅用户可以通过平台为不列颠百科撰写条目。用户撰写的条目，经过编辑的审核后予以发布。从比率看，用户提交的条目大约有33%获得发布准许。通过编辑参与的适度互动，不仅加强了与用户的联系，且在质量有所控制的前提下扩大了不列颠百科的条目数量。体现开放互动与专业审核相结合的还有即时更新。对于技术搜索、读者、作者提供的大量新信息，编辑流程中设置的专门程序和工具，与标准数据库及专业团队形成联动，从而提高发布新条目、修改原有条目的能力，必要时数分钟之内便可发布。这并不仅仅是技术的进步，而是创作和校阅百科全书方式的新变革。

　　不列颠百科"答案女孩"的故事已经成为过去，新的充满活力的探寻仍在继续。在21世纪初开启的转型中，客户服务部开发了电子社区反馈系统，既鼓励读者提交修改建议（包括关于未涵盖的主题的新文章），也鼓励读者提交自己的图片和视频，经事实核查和编辑后，那些被认为有价值的将被纳入百科全书在线文章中，并时常在同一天发表。公司客户服务部在新时期对读者的表白是：我们重视在线问答社区。我们致力于实现与学习者的即时互动，使他们能够更好地提问、寻找答案和与不列颠百科互动；我们是将技术、教育内容和个性化需求融为一体的先锋。我们为终身学习者提供服务，无论他们身在何处——在他们的家中、学校、大学、图书馆和世界各地的工作场所。我们的服务对象包括：学生和家庭，提供与课程标准相匹配的可靠内容，涉及上千个话题；大学生，与久负盛名的教育机构合作，

不列颠百科全书公司楼前的花儿——紫风铃。

为全世界的大学生和未来的领导者提供可靠权威的研究参考数据库；教育者和管理者，为各年龄段学生研发课程相关的产品，创造性利用学校广泛应用的技术，使教与学变得更加丰富多样，具有个性化；终身学习者，为那些已结束学业但好奇心不曾泯灭的终身学习者提供强大的信息资源；政府机关和企业，对于行业和政府来说，不列颠百科集团拥有一系列的培训解决方案和企业软件。

  不列颠百科较早建立了与谷歌、雅虎等搜索巨头的合作与内容关联。早在2011年10月它就发布了APP软件，APP软件有用户订阅和免费两种形式，二者内容量有所不同。它还与Android合作，推出适合Android的应用软件。微软最新的操作系统首页，推荐了不列颠百科免费APP应用软件。

  截至2019年12月，不列颠百科全书公司收入100%来自数字化产品。美国75%以上的学生和教师使用不列颠百科全书公司的产品，世界其他地区的使用数量也在增长。目前全球共计有340万所学校、1亿5千万小学生使用不列颠百科资料库。

  时光荏苒，昔日辉煌已悄然逝去。重要的是，现在和未来，是否已在掌控之中？

第三篇

文明的递进

# 历史的镜子

　　200多年前，创立者播下的种子，历经一代代耕耘、浇灌、修枝整叶，长成参天大树。权威、准确，是《不列颠百科全书》的金字招牌。然而，当人们回望，会惊讶地发现，它的来时路上，那些历史的版本中，有些内容却是明显错误，甚至荒诞不经的。如以下几例：

　　在《不列颠百科全书》中，加利福尼亚曾是西印度群岛中的一个岛屿。

　　《不列颠百科全书》第1版（1768—1771）中"加利福尼亚"条目的完整表述是："一个神秘的地方，西印度群岛的一个大国，位于西经116°至138°、北纬23°至46°之间，它可能是个半岛，也可能是个岛屿。"第2版（1777—1784）的表述是："加利福尼亚，很长一段时间被认为是一个岛屿；但德国耶稣会教士凯诺（Caino）神父发现它是一个连接新墨西哥海岸和美国南部的半岛。在这样一个绵延约800英里的地方，土壤和气候一定有相当大的变化；事实上，我们从权威人士那里发现，加利福尼亚拥有世界上最美丽的草地，以及许多最不适宜居住的沙漠。总的来说，虽然加利福尼亚是相当粗砺和崎岖的，但我们得到耶稣会的维内加斯（Vinegas）和其他优秀作家的保证，只要有适当的建设，它就能为生活提供一切必要和便利；即使在气候最热的地方，海面上也会升起水蒸气，并被微风徐徐吹散，使温度变得适中宜人。"①

　　加利福尼亚是一个岛屿，经《不列颠百科全书》的记载广为流传。而这个错误是怎么来的，又是怎么纠正的呢？

　　加利福尼亚是西班牙人发现并以虚构的地名命名的。西班牙是对北美洲（以及南美洲）进行大规模殖民的先行者，他们到美洲是为了寻找黄金。传说在今天美国西南的沙漠一带，有一个遍地黄金的地区叫"七城"，西班牙人称之为西博拉。16世纪20年代，在征服了整个中美洲之后，新西班牙殖民地建立，埃尔南·科尔特斯（Hernán Cortés）被任命为总督。几年后，他开始了寻找神秘的"七城"之旅。科尔特斯率队来到海边，从今天墨西哥加利福尼亚湾的东侧乘船出发，很快就横穿了狭窄的加利福尼亚湾，在另一侧登陆；登陆后北上，来到了今天美国境内的加利福尼亚州南部。他发现，这里炎热干燥，河流稀少，像一本当年在西班牙很流行的探险小说里记载的印度河上的一个岛。这个岛的名字叫California，是西班牙语中Caliente（热）和Fornalla（火炉）的结合变体。于是科尔特斯就借用小说里的虚构地名，把他新发现的这个"岛"命名为加利福尼亚。之后的几年里，西班牙继续大规模扩张殖民地，出版了美洲大

---

①Encyclopædia Britannica, Inc. Encyclopædia Britannica Anniversary Edition［M］. Encyclopædia Britannica, Inc., 2018：97.

陆的新地图,而"加利福尼亚岛"则被描绘成一个漂浮在北美海岸的胡萝卜状大岛,赫然出现在各种版本的地图上。这些地图传到欧洲和亚洲,让"加利福尼亚岛"广为人知。几年后,科尔特斯的部下再度北上去寻找黄金之城,走着走着,他意识到加利福尼亚不是一个岛。这一点,不久后得到了另一位探险家的证实。之后一段时间,在西班牙出版的地图上,加利福尼亚就被标注为半岛。但是40年后,西班牙大探险家胡安·德富卡(Juan de Fuca)来到北美西海岸,他发现了一个新海峡,人们据此对未被探明地区进行种种推测,加利福尼亚是个岛的说法又死灰复燃了。于是在17世纪,"加利福尼亚岛"再度出现在了各种世界地图上。甚至在18世纪前期西班牙人为了对抗从另一边绕过来的俄国人,开始大规模建设加利福尼亚的时候,当旧金山、圣迭戈、圣塔安娜、弗

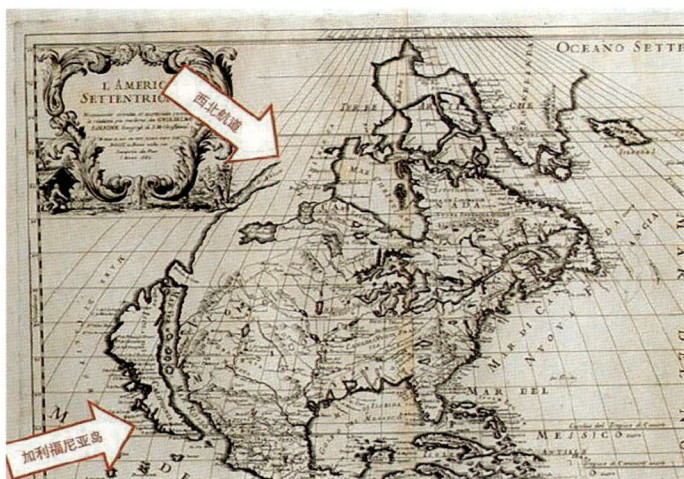

37年的地图,上面
加利福尼亚岛以及
兑中的亚尼安海峡
北航道。耶鲁大学
藏。出版于1798年
凯恩世界地图上,
里福尼亚岛终于不
字在了。

雷斯诺、圣塔芭芭拉等据点纷纷兴起的时候，加利福尼亚仍然被画成一个岛盘踞在世界地图上。

加利福尼亚地理最终的拨乱反正，归功于传教士尤斯比奥·基诺（Eusebio Gino）。基诺来自神圣罗马帝国，到北美传教。他通过陆路，从传教站走到加利福尼亚半岛上，中间没有跨越任何海峡，以自己的脚步验证了加利福尼亚不是一个岛。他把自己的报告寄回了欧洲，但当时并没有引起地图作者们的重视。后来，在多位传教士苦口婆心的宣传下，"加利福尼亚不是个岛"才逐渐被人认可。这个在地理学史上被称为最严重的制图错误之一，最后一次出现是在1865年的一张日本地图上。1971年，硅谷的风险投资家格伦·麦克劳克林（Glen Mclaughlin）在伦敦一家旧货店偶然发现了一张将加利福尼亚画为岛屿的奇怪地图，随后的40年中他共找到了700多幅错误的古地图，被称为世界上最大的个人地图学收藏。2011年，这些藏品被斯坦福大学收购。这段错误的、反复认知的历史，成为今日教科书的经典案例。

《不列颠百科全书》叙述被害者尸体会因凶手靠近而流血。

请忘记DNA分析和犯罪现场调查人员的花哨小玩意儿。如何指认杀人犯？流血的尸体会说话，身体本身可以揭示凶手。当杀人犯出现在他杀害的人的尸体旁时，尸体上的伤口就会开始流血。这看起来有点天方夜谭，然而，从至迟是11世纪之后到18世纪，在欧洲和殖民美洲的法庭上对男女嫌疑人的裁决，还是根据一种叫作受害尸体出血的测试而定的；此外还有另一种叫作棺材架考验的测试。在证词中，人们会将渗血的刀伤和死者眼鼻中的出血当作犯罪的铁证。以流血的尸体指认杀人犯，最早的记载见于德国中世纪长篇叙事诗《尼伯龙根之歌》中，屠龙者齐格弗里德遭到谋杀，他的尸身系于一副棺材架之上，当杀害他的凶手哈根走近时，齐格弗里德的伤口就开始流血。莎士比亚的历史名剧《理查三世》（*Richard III*, 1593）的开头，外貌丑陋畸形的理查（当时是葛罗斯特公爵）杀死了国王亨利之子，本应继承王位的侄子爱德华五世。爱德华五世的遗孀、理查后来的妻子安妮·内维尔夫人指控了他的背叛，因为在埋葬死者的途中，当理查接近时，她目睹尸体开始流血：

"呵，看哪！大家来看故君亨利的创痕，看它们凝口又裂开了，鲜血又喷流了。你还有什么脸哪，你这个臭不可闻的残废，仅仅因为你站前一步，他那原已冷瘪的血管又鲜血奔流；是你的所作所为，反人性，反天意，引发了这股逆潮，就是那只接受地狱指挥的魔手闯下了这场惨祸。"[1]就连詹姆斯一世（James I），这位斯图亚特王朝第九位苏格兰国王（1567—1625年在位）、英格兰及爱尔兰首位国王（1603—1625年在位）也是受害尸体出血论的坚定信徒。即便到了19世纪初，在《不列颠百科全书》第4版（1801—1809）中的叙述还是这样的："尸体流血是一种据说在被谋杀的人身上经常发生的现象，当凶手接触到，甚至走近时，被谋杀者的鼻子、耳朵和其他部位就会流血。所以，就像以前在英国被承认的

---

[1]莎士比亚. 莎士比亚全集：第5卷［M］. 朱生豪，方重，译. 北京：人民文学出版社，2010：463.

那样，在其他一些地方这仍然被允许作为一种对罪犯的侦查和指认。这种例证在作家的笔下经常出现。"①

《不列颠百科全书》曾肯定独角兽的存在。

独角兽存在于好望角以北吗？《不列颠百科全书》第4版（1801—1809）对此持肯定态度。"哺乳动物"条目讲道："四足动物在每个国家和每个时代都吸引了博物学家的特别关注，由于我们对它们的了解比对大多数其他种类的生物更容易，因此我们最熟悉它们的形式、习惯和举止也就不足为奇了。然而，事实上，对于一些外国和稀有的四足动物，我们仍然有很多疑问，而对于一些我们所谓知道的动物，除了名字之外，其实我们知道的也不多。即使对于那些已知和描述时间最长的动物，如狮子、大象、豪猪等，现代博物学家和旅行者的观察也纠正了一些被普遍接受为肯定的错误观念。只要'自然历史'占据了人类的注意力，那么可能还会有许多收获来回报未来的探索者们。非洲、美洲和新荷兰的未开发地区可能包含许多我们目前完全不知道的四足动物，或者只有通过在地下发现的化石遗骸才知道。我们认为，毫无疑问，独角兽存在于好望角以北不远的非洲，也许，在某个遥远的时期，它像现在的大象或河马一样广为人知。"②

19世纪初时的科学共识是，各种各样的陆地动物，

———————

①Encyclopædia Britannica, Inc. Encyclopædia Britannica Anniversary Edition［M］. Encyclopædia Britannica, Inc., 2018：47.

②Encyclopædia Britannica, Inc. Encyclopædia Britannica Anniversary Edition［M］. Encyclopædia Britannica, Inc., 2018：80.

挂毯画《淑女和独角
兽》局部。该壁毯完
于15世纪末期，现
藏于巴黎的克吕尼
物馆。人们对独角
存在的信念可追溯
2000年以前，在18
纪中期尤为热烈。

包括难以捉摸的独角兽是存在的，只是尚未被发现或完全理解。独角兽，是西方古代神话传说中的虚构动物，形如白马，头顶正中长有一支螺旋单角。有的故事中，还记载独角兽长有一双翅膀。西方文化中，独角兽代表高贵、高傲和纯洁。独角兽信仰可以追溯到大约2000年前，到18世纪中期达到顶峰。独角兽存在说的推波助澜者之一是戈特弗里德·莱布尼兹（Gottfried Wilhelm Leibniz）。莱布尼兹是德国哲学家、数学家，历史上少见的通才，被誉为17世纪的亚里士多德，在政治学、法学、伦理学、神学、哲学、历史学、语言学等诸多方面都留下了著作。他和牛顿先后独立发明了微积分，而且莱布尼茨所发明的符号被普遍认为更综合，适用范围更广泛。莱布尼茨还发明并完善了二进制。他和笛卡尔、斯宾诺莎并称17世纪三位最伟大的理性主义哲学家。正是他绘制了据说是独角兽骨架的草图。这后来被认为是一个诚实的错误，因为当时的古生物学领域还处于起步阶段。所以，尽管独角兽显然是传说中的生物，但长久的文化信仰，以及大学者的看法，还是在《不列颠百科全书》中产生了共鸣。

《不列颠百科全书》描述吸血鬼在世间游荡。

爱尔兰作家布莱姆·斯托克（Bram Stoker）被公认为"吸血鬼之父"，人们一直高度怀疑他著名的吸血鬼小说《德古拉》（1897），是基于弗拉德三世德古拉（Vlad III Dracula）[也被称为穿刺者弗拉德（Vlad the Impaler）]为原型创作的。弗拉德三世德古拉是15世纪中叶统治特兰西瓦尼亚（罗马尼亚中西部地区）的王子，因残忍而臭名昭著。据说他有见血发狂的病症,他尤喜用尖木桩虐杀俘虏,即将战俘用一根长木桩从肛门穿过身体,从嘴巴伸出来,再将木桩立在地上,或将受害者直立埋于地下,只露出头颅,作为对他人的警告。他用该方法曾处死了数以千计奥斯曼帝国的土耳其人俘虏,因

国木版画,创作于99年。描绘了"德拉伯爵"一边执行戮,一边漫不经用餐的恐怖画面。德古拉"是经典的血鬼形象代表,普认为其原型是古代马尼亚大公弗拉德世。

此得名"穿刺大公"。

但无论如何，吸血鬼确实只是一个虚构的角色。然而，《不列颠百科全书》第9版（1875—1889）中辟有专门篇幅讲述吸血鬼，比如如何成为吸血鬼，以及亡灵如何出现在一根稻草或绒毛上，以便在夜间更好地吸吮睡眠者的血液。文章写道："吸血鬼通常被认为是死人的灵魂，他在晚上离开被埋葬的身体，吸活人的血。因此，当坟墓被打开，发现尸体上出现新鲜的、有着玫瑰色的血液，就说明死人变成吸血鬼去做那样的事了。为了制止吸血鬼对生灵涂炭蹂躏，人们用木桩刺穿尸体，或砍掉尸体的头部，或将尸体的心脏撕裂并烧掉尸体，或将沸水和醋倒在坟墓上。变为吸血鬼的人通常是巫师、女巫、自杀者和那些以暴力结束生命而被父母或教会诅咒的人。但在某种情况下，比如，动物（特别是猫）越过或鸟飞过人的尸体，那么任何死去的人都可能成为吸血鬼。有时，吸血鬼是一个活着的人，身体沉睡，而灵魂出现在一根稻草或绒毛上，贪婪地吸吮其他睡眠者的血液。"① 吸血鬼这一术语，起源于塞尔维亚，最初用于东欧的吸血幽灵。对吸血鬼的信仰早年主要存在于斯拉夫地区，尤在俄罗斯、波兰和塞尔维亚，以及波希米亚的捷克人和奥地利的其他斯拉夫种族中盛行。有一段时期，整个欧洲都充斥着关于吸血鬼事件的报道。这种看法很可能从被杀者的报道中获得了有力支持，那些检查被活埋人体的报告显示了其身体的扭曲、裹尸布以及脸

---

① Encyclopædia Britannica，Inc. Encyclopædia Britannica Anniversary Edition［M］. Encyclopædia Britannica, Inc., 2018：45.

上和双手上的血迹——这是生命灭绝之前在棺材里疯狂挣扎的结果。

《不列颠百科全书》因"辟尔唐人事件"遭遇尴尬。

1912年2月，英国苏萨克斯郡律师查尔斯·道森（Charles Dawson）给大英博物馆地质部负责人史密斯·伍德沃德（Smith Woodward）写信，声称在一个名叫辟尔唐（Piltdown）的地方发现了远古直立人颅骨和颚骨碎片化石。道森的业余爱好是考古和地质学，这是那个年代的中产阶级最能体现身份的爱好。他希望大专家来看看自己的考古发现。伍德沃德很快去了现场。伍德沃德对那些化石匆匆作了初步鉴定后，当年6月，他和道森，还有年轻的法国神父、同样爱好考古的蒂亚·德·夏尔丹（Teia de Chardin）三人组成挖掘队，开始在辟尔唐勘探。他们先后发现了几块头盖骨碎片和动物化石。有一次，道森的挖掘工具无意间带出了一块断成两截的颌骨碎片，他们试着用先前发现的头盖骨将两块碎片拼接起来并且获得了成功——这就是辟尔唐化石。

1912年12月28日，在伦敦的英国地质学会上，伍德沃德宣布，英国发现了人类进化过程中"丢失的一环"——类人猿化石。这个"具有50万年历史"的头盖骨，被伍德沃德称作"人类历史上第一个英国绅士"（伍德沃德将自己关于辟尔唐人研究的著作命名为《最早的英国绅士》）。这一头盖骨被命名为"辟尔唐人"，还以发现者之名命名为"道森氏曙人"。道森因此而成为名人，他甚至希望借此成果跻身于英国皇家学会。不过，也有很多学者质疑，认为这不过是刚好混在一起的人头骨和猿的颌骨而已。1913年夏尔丹又发现了下犬齿。1915年，道森则发现了两块有联系的辟尔唐人颅骨碎片和牙齿。"辟尔唐人是人类进化过程中的关键环节"这一论断，由此在学术界开始占主导地位。此后的数十年间，辟尔唐人、尼安德特人和海德堡人共称为欧洲原始人类的标本。有超过500篇关于辟尔唐人的科学论文发表。"辟尔唐人"头盖骨在大英博物馆最显赫的展厅位置展出。伍德沃德全面投入到对辟尔唐人的研究上，并且由于证明了英国也存在人类祖先而获得爵士勋位。辟尔唐人的真相直到其"发现"40年后才被揭露。随着更多古人类化石相继出土、比对，人们对辟尔唐人的怀疑在增加；尤其是科学的进步，科学家发明了多种物理和化学手段测定化石的地质年代。1953年，英国地质学家以"氟定年法"共同完成了对"辟尔唐人"年代的测定。当他们试图从"辟尔唐人"的下颌骨上取下样品进行化验的时候，惊讶地发现"化石"的表面以下竟然是白色的，原来"化石"的颜色是人工染上去的！通过对"化石"氟、铀等元素的含量测定，以及使用电子显微镜和X光的研究结果表明：道森发现的头盖骨部分来自于现代人，而下颌骨来自于现代猩猩，动物化石则是从别处找来重新埋入辟尔唐的砾石层的，人的犬齿也有人工加工的痕迹。韦纳等人关于辟尔唐人的研究报告发表在《大英博物馆馆刊（自然历史）》上。同年，又有学者利用更为先进的C–14（碳–14）法重新测定"辟尔唐人"的地质年代，结论是头骨的年代距今620±100年。当科学家们公布了他们的检测结果后，辟尔唐人立即成了轰动世界的丑闻。

深感颜面扫地的大英博物馆迅速将这一"国宝"撤下展位，扔进了地下室。"50万年的历史化为了泡影"，不无讥讽、幸灾乐祸的媒体如此报道。从这件丑闻被揭露那天起，所有人都会问，是谁策划了这个世纪大骗局的？而当年发掘队的主要人员都已去世，这引发了科学家们长达几十年的争论，甚至有科学家在美国权威科学杂志《科学》上发表文章称，是大名鼎鼎的"福尔摩斯之父"柯南·道尔一手导演了这出闹剧。

当初，"辟尔唐人"这一"科学的伟大发现"被写进了《不列颠百科全书》第14版，不仅设有专条阐述，而且由于其改写了历史，"人类学""考古学""人类"等条目都必须对此有所交待。而当造伪案披露后，对读者的解释，涉及面不小的修改，编辑部的尴尬和忙乱可想而知。有研究者认为，《不列颠百科全书》停止再版制（十

英博物馆展厅。博馆位于英国伦敦新津大街北面的罗素场，于1759年1月日起正式对公众开，是世界上历史最久、规模最宏伟的合性博物馆。藏品300多万件，由于空限制，有99%的藏未能公开展出。20纪上半叶，"辟尔唐在展厅最显赫的置展出。

年左右再版一次）而始创连续修订制（每年修订10%的条目），可能与"辟尔唐人"事件造成的被动不无关系。

回顾往事，并不是为了诋毁这一部伟大的著作，而恰恰说明它的历史价值。百科全书与科学同根共进，科学开拓和发掘知识；百科全书则整理和记录知识。"百科全书之父"亚里士多德在古希腊雅典学院授课时，提出人的理想婚姻年龄是男37岁，女18岁。他的根据还谈不上理论，就是自己的心得和经验，37岁的他，娶了18岁的皮西亚斯，生活和美，幸福感满满。古罗马老普里尼的百科巨著《博物志》，全书37卷，分为2 500章节，引用古希腊327位作者和罗马146位作者的2 000多部著作，记载了大量新知识。书成于公元77年，在后来的1 500多年间出了40多版，有能力的图书馆都会将之作为重点馆藏。直至20世纪德国还出版了现代版6卷，可见其影响之深远非同一般。然而，由于老普里尼时代科学及认知的局限，其实书中错误很多，许多奇闻异事荒诞不经。

作为科学忠实的追随者、纪录者、整理并集大成者，百科全书总与科学如影随形，倾尽全力存留下其所处时代被认为是最为准确权威的知识；随着时代的发展，科学的进步，人类认知的深化，百科全书同步跟进、知识接力延绵不断。正因如此，百科全书诞生2 000多年来，至今一直被奉为书籍国度最为璀璨的明珠。

作为时代的镜子，百科全书及时反映了知识的演变。由于其长久性和编纂周期的规律性，百科全书已经成为优秀的"历史文献"和各类原始资源的储存地。

作家西蒙·温彻斯特（Simon Winchester）在《改变

世界的地图：史密斯和现代地质学的诞生》（2001）中以这种方式使用了百科全书。对于温彻斯特来说，《不列颠百科全书》提供了一种地质学领域何时已经确立的关键参照：现代意义上的"地质学"这个词，1735年首次在英语中使用，尽管很少——也许直到1795年它才被认为是一个成熟和完整的概念。在1797年的第3版《不列颠百科全书》中没有提到地质学；但是，在1809年出版的第4版中，已经有一个冗长的条目，这门科学至此已经完全建立起来了。

对于死亡学教授、美国自杀学会（American Association of Suicidology）的创始人埃德温·施奈德曼（Edwin Shneidman）来说，百科全书是追踪基于社会和道德的自杀观念演变的一种绝佳途径。他在1998年为《美国学人》撰写的一篇文章中这样做了，文章的标题令人难忘：《自杀在我的脑海里——〈不列颠百科全书〉在我的桌子上》。首先他指出这套百科全书对他的家庭是多么特别——他们的《不列颠百科全书》第9版"是施奈德曼家族文化王冠上的宝石"。然后开始他的分析。他指出，在这套百科全书的第1版（1768—1771）中没有关于自杀的条目。这并不让他感到惊讶，因为"这个词本身相当新"。第2版（1777—1784）包含了一个篇幅为一页，名为"自杀"的条目。该条目中，自杀被定义为没有任何外力殴打的死亡。条目宣称自杀是一种"双重罪行"：一方面，从精神（宗教）上，这侵犯了全能的上帝的特权，冲击了主的时时存在，这并无必要，纯属多此一举；另一方面，从世俗上这是反对国王，国王乐意保护他所有的臣民。因此，法律已将自杀列为最高罪行之一，使其成为一个特殊的重罪种类——因自己犯下的重罪。然后，他讨论了出现在第3版并在之后漫长的时光直至今天一直待在各版页面上的"自杀"条目。现在，自杀被视为一种精神疾病，而有的时候，也被视为一种合理的选择。

"《不列颠百科全书》以及我们的社会，自1777年以来显而易见已经走过了几个光年"，"那时视自杀为懦弱，

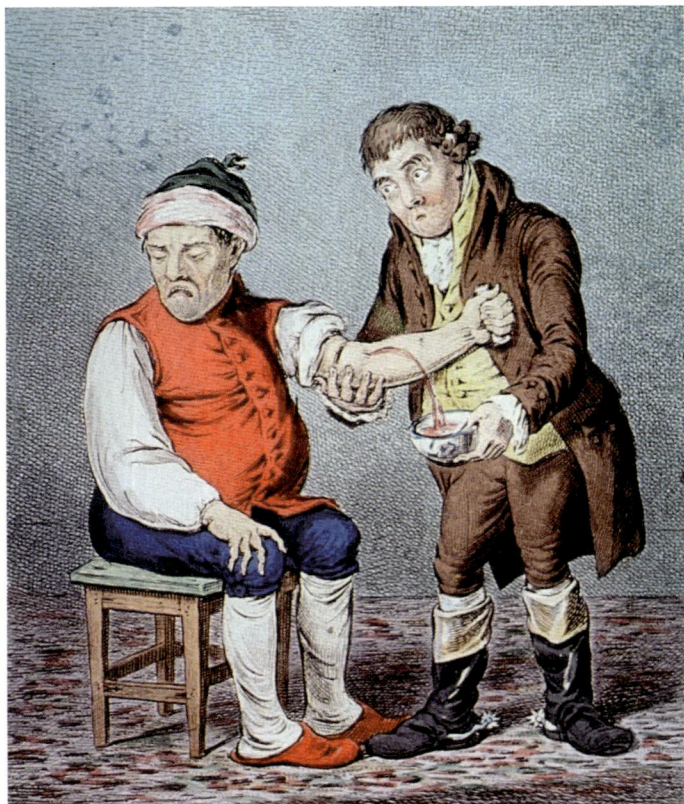

《放血》。英国著名漫画家吉尔雷于180□年创作，收藏于美□国家医学图书馆。图中展示了一种最古老的治疗方法：放血疗法。该疗法旨在恢复人体内四种"体液"（可影响健康和性格）的平衡。

有罪，非法和可耻。现在重点转移到了'我们如何提供帮助？'"。

种族关系也可以通过百科全书追溯。从20世纪40年代到90年代，不列颠百科全书公司是课堂教育电影的主要制片方。它的16毫米制成品广泛分布在英语世界各地，这些制成品及其配套的不列颠百科投影仪是20世纪50年代和60年代美国课堂的支柱，当时苏联发射的人造地球卫星和所谓的"导弹缺口"，推动了美国政府对科学教育和课堂教育电影进行大量投资。北美学术电影资料馆（Academic Film Archive of North America）的创立者和主任、作家和历史学家杰夫·亚历山大（Geoff Alexander）强调了一部不列颠百科电影在追踪美国种族关系演变中特定的意义。他在《课堂学术电影：历史》（2010）中指出，不列颠百科电影《密西西比河沿岸的人们》（1952）可能是第一部展示不同种族儿童互动玩耍的课堂电影。

范多伦敏锐而热情地写下了他所看到的百科全书的众多美德。范多伦是美国首批国家级电视明星之一、媒体的特殊宠儿，不列颠百科的工作使他绝处逢生。他本是哥伦比亚大学一位才华横溢、讨人喜欢的年轻英语教师，也是美国文坛最杰出家族之一的后裔。他的父亲马克·范多伦（Mark Van Doran）获得了普利策诗词奖；他的母亲多萝西（Dorothy）是一位受欢迎的小说家，曾经担任《国家》（*The Nation*）的编辑；他的叔叔获得了普利策传记奖；他的姨妈是《纽约先驱论坛报》（*The New York Herald-Tribune*）的图书编辑。家庭背景，以及整洁的外表、博学多闻、出色的口才,让范多伦在1956—1957年的14个星期里一直处于有利地位,当时他在广受欢迎的电视益智竞赛节目《21点》(Twenty-One)中取得了一连串戏剧性的胜利,连续拿下14周冠军,成了电视广播的热门人物,成了非常富有的人。他甚至上了《时代》杂志的封面,封面的赞词写道:"他散发着魅力,文艺复兴时期男人的普遍博学、江湖赌徒的勇气和狡黠,以及演员天生的表演技巧浑然一体。"然而,1959年有媒体揭露节目受到了操纵,电视台为了提高收视率故意让某个参赛者赢,问题和答案事先已展示给参赛者。范多伦也终究不敌良知的煎熬,最终坦承主办单位提供了他一些问题的答案。他的明星光环顷刻间破灭了。"它完全摧毁了我的生活",他说,"我本享有舒适、快乐、成功、名望,却在一天内彻底失去了一切。"①随后范多伦和其他几人遭到了司法调查,以及犯有伪证罪的指控和定罪。这个丑闻后来被罗伯特·雷德福(Robert Redford)拍成了电影《益智游戏》(Quiz Show, 1994)。范多伦失去了他在哥伦比亚的教学职位,随后还被中止了他在美国全国广播公司(NBC)和《今日秀》的电视职业生涯。他的生活一团糟。1965年他离开纽约,在芝加哥定居。在博学哲学家、家族老朋友、不列颠百科全书编辑委员会成员艾德勒的帮助下,他开始为百科全书工作,并重建了自己的生活。范多伦在不列颠百科工作了17年,撰写和编辑书稿,并成为主管编辑工作的副总裁。正如他在

---

①Encyclopædia Britannica, Inc. Encyclopædia Britannica Anniversary Edition [M]. Encyclopædia Britannica, Inc., 2018:717.

《魂会回来吗？胡迪
尼揭开招魂的骗局》
——这是一张为匈牙
利裔美国魔术大师胡
迪尼抨击"通灵术"
的专场秀而制作的海
报，现收藏于华盛顿
美国国会博物馆。胡
迪尼是享誉国际的逃
脱专家，也是用魔术的
手法戳穿所谓"通灵
术"的反伪科学先驱。

《阅读的快乐》（*The Joy of Reading*, 1985）中阐释的那
样，《不列颠百科全书》并不完美，但作为当时专家和编
辑们所认知的知识世界的报告，它的内容是如此的广泛

和多样，选择是如此的精明和权威，以至于与之相比，缺失的内容显得无关紧要……

《不列颠百科全书》的若干版本在出版很多年后，当它的许多信息不再正确时，它的用处却不仅仅是满足好奇心。作为历史的镜子，百科全书真正的价值在几十年、几代人，甚至若干个世纪中得以彰显。

# 自由与规则

　　维基百科最惊人的特点，是让默默无闻的志愿者们有了像专家一样的发言权，成为大众"科学"的标杆。然而，这种业余爱好职业化、专家化的代价，是精确性的缺失。维基百科人人可以编辑，实现了条目的快速增长。同时，也让它在起步阶段就陷入了杂乱的困局，为此，它很快制定了编辑规范，以及观点中立、可供查证、非原创研究、版权共享的编辑方针。然而，在相当长时间里，它并非如现在这么享有盛誉。质量一直是维基百科的最大软肋，对维基百科的"原罪"，对其内容的准确性和"编辑者阴谋"的质疑声从来没有停止过。质疑者认为，这种无组织的、开放的、"乌合之众"式的写作方式，既不能保证内容的正确与严谨，更不能防范别有用心者，包括政治和商业力量的破坏。

　　很多人相信，一个免费的可由任何人自由编辑的百科全书会构成公共危害。时任美国参议长特德·史蒂文斯（Ted Stevens）在2007年公开提议，禁止未成年人使用公共电脑浏览包括维基百科在内的不良网站，而教育学家们则纷纷对此表示支持。时任美国图书馆协会主席的麦可·高曼（Michael Gorman）认为：当时任何一个推荐使用维基百科的教授都会被看作和推荐每天吃巨无霸的营养学家是一个水平。

2011年，美国《互联网世界》以《维基百科第一个十年中的十大恶作剧》为题，盘点了那些轰动一时、落人口实的"丑闻"。然而，紧跟这些"丑闻"其后的，除了高潮迭起的争议外，还有维基百科越来越严密的编写规则。

席根塔勒曾是罗伯特·肯尼迪的助手，也是《今日美国》创立时的编辑部主任。2005年秋，78岁的他发现了一个维基百科网页，上面指名他为刺杀罗伯特·肯尼迪的重要嫌犯。罗伯特·肯尼迪是第35任美国总统约翰·肯尼迪（John Kennedy）的弟弟，在约翰·肯尼迪总统任内担任美国司法部长，1968年他是民主党无可争议总统候选人，享有极高的威望，但6月6日突然遇刺身亡，导致共和党的理查德·尼克松（Richard Nixon）最终赢得总统选举。席根塔勒怒火中烧，但并没有打上门去找维基百科算帐，也没有自己去编辑纠正，而是在《今日美国》的论坛版写了一篇评论，指出维基百科有失精准，胡说八道。1982年9月创刊的《今日美国》是美国全国性英文对开日报，彩色版面，有国内版和国际版，国内版每天48版，1985年11月起增至56版。它在美国国内有30个印刷点，通过卫星传送版面；国际版每天16版，向51个国家发行。问世不足两年的时间里，其发行量即跃至全美第3位，与《纽约时报》《华尔街日报》这两份百年老报并驾齐驱。报纸创刊第四年，其实际读者人数已经跃居全美日报之冠。不用说，席根塔勒发布在《今日美国》的评论影响之广可想而知，对维基百科的负面评价纷至沓来。对席根塔勒的错误指控在维基百科发表4个多月之后，相关条目才得到修正。

席根塔勒事件之后，威尔士承认条目写得太快导致来不及审阅，维基百科随后宣布了一项规则：自2005年底起禁止匿名用户编写条目，没有注册的用户不能创建条目。

2006年7月，美国《纽约客》杂志刊登了一篇关于维

杉矶大使酒店门前草坪。1968年6月，刚赢得加州初的总统候选人罗伯·肯尼迪在酒店遇身亡。47年后，维百科网页将肯尼迪年的助手席根塔勒为刺杀案的重要嫌，引发了一波对维百科的负面评价。

基百科的文章，不列颠百科总裁考兹与维基百科创立人威尔士就维基百科的未来各抒己见。同一文章还访问了一位名"艾斯杰（Essjay）"的英语维基百科管理员，他在英语维基百科的编辑次数超过一万次，主要编辑与宗教相关的条目。文中称他是一所私立大学被授予终身职位的神学教授，拥有神学博士学位，精通宗教和教会法规。2005年2月8日，他在维基百科注册，并开始经常为维基百科编辑条目。他很快获得信任，担任了管理工作以及维基百科调停委员会中的要职。维基人为了感谢他做出的努力，颁给他很多"五星"奖章。在维基百科社区中，这是一种莫大的荣耀。先前艾斯杰在自己的维基百科用户页也自称拥有以上学术资格。为《纽约客》撰写这篇文章的斯塔西·斯切夫（Stasi Strev）是获得过普利策奖的记者。后来，艾斯杰被揭露，实际上他的真名为瑞安·乔丹（Ryan Jordan），只是一位住在肯塔基州的24岁学生，从未拥有任何大学学位，同时也没有任何专业成就，只是依赖一些入门的宗教图书编辑宗教条目。在谎称学历一事被揭穿后，他在自己的用户页上留言说自己愚弄了斯切夫，演了一出好戏。

此事被揭露后，威尔士要求艾斯杰辞职。"艾斯杰及其快速上位事件"的出现，又一次引来了各方的关注。《纽约时报》等媒体纷纷报道，维基百科内部也展开了激烈的辩论。那些编辑的虚假资历，为何在进入组织内部之前不能好好核实一下呢？为何那些维基百科贡献者能如此轻易地攀上组织的高位呢？2007年初，新管理员任命峰值下降了30%，很大一部分是受艾斯杰事件的影响，维基百科对任命新管理员更加慎重，对管理员提出了更高的要求，并且要求所有管理员都提供学历证明。

2006年8月，美国老牌喜剧脱口秀《科尔伯特报告》（*The Colbert Report*）对维基百科大加鞭挞。脱口秀当家主持斯蒂芬·科尔伯特（Stephen Colbert）让人在维基百科的"大象"条目里加上了一句不起眼的错误描述："大象种群在过去6个月里增加了3倍。"这个真假难辨的数据逃过了编辑的眼睛，成了科尔伯特在节目中新造热词"维基事实"（Wikiality）的经典案例：只要能说服足够多的人相信你写的维基百科条目，即便谬误也能成真理。由于《科尔伯特报告》在美国的巨大影响力，此事迅速演化成一场危机：这样的百科还值得信任吗？不值得信任的百科还有存在的意义吗？

同年的"维基人大会"上，创始人威尔士称，今后维基百科要把重点放在条目的质量而非数量上。危机过去不久，他向《纽约时报》表态："我们将从数量增长的时

基百科的"大象"目被人故意加入错描述。美国老牌喜脱口秀当家主持科伯特就此新造热词维基事实"，"大象件"迅速演化成一维基危机。

代'转变为'质量提高的时代。""可供查证"原则有了更加具体的表述：维基认为最可靠的资料来源是经专家评审的学术期刊和大学出版社出版的书籍，其次是大学层次的教科书，然后是杂志、期刊、有信誉出版社出版的书籍，最后是主流报刊（但不包括其评论版上的内容）。

此后，维基媒体基金会的高级研究员亚伦·哈弗格（Aaron Halfaker）开发了一套"客观修订评估服务"（Objective Revision Evaluation Service，简称ORES）软件，可以让编辑们便捷地查看一个条目的修改历史，轻松点击便能删改之前不合格的修改内容。编辑们把更多精力放在纠正条目错误上，志愿者们更加小心谨慎地巡视各个页面。此前那个被科尔伯特恶搞的"大象"条目，至今仍被锁定保护着。从 2010 年开始，维基百科还和大英博物馆、美国国家档案馆等专业机构合作，进一步提升条目的准确性。

"丑闻"仍然接二连三出现。事实上，人人可编辑，使得维基百科的内容可以被持不同政见者，或心怀怨恨和嫉妒，试图报复的人随意篡改，成为某些人恶意中伤、铲除异己的网络武器。

2011年9月，记者兼作家约翰·哈里（Johann Hari）在其供职的《独立报》网站上发表个人道歉："好几年前，看了维基百科条目上关于自己的描述，有些内容我当时并不怎么喜欢，所以就想把它们删除。于是我就创建一个化名账号大卫·罗斯（David Rose）。我既编辑关于自己的条目，又编辑别人的。对于我喜欢的人，我会把那些不喜欢的段落给拿掉。但有时，对于那些曾经和我有冲突的人的条目,我会抱着幼稚乃至恶毒的心态来更改:有一个我将其称为反犹太人和恐同者(排斥甚至厌恶、仇视同性恋者),另一个称为酒鬼。其实那样做,我真的感到很困窘,因为这已经违反了最基本的道德原则。对于我伤害过的人,我诚挚道歉。"罗斯就是哈里的真相是被两名文学家踢爆的。哈里之后退回了2008年授予他的奥威尔奖。同时他也被要求离开《独立报》四个月,去上与新闻伦理学相关的课程。

2013年5月,在线新闻网站"沙龙"(Salon)的作者安德鲁·莱纳德(Andrew Leonard)撰文,揭露了美国作家罗伯特·扬(Robert Clark Young)恶意篡改同行条目的卑劣行径。1月27日凌晨时分,维基百科上一个名为"Q"的用户,对已故作家巴里·汉纳(Barry Hannah)的百科页面做了14处修改。汉纳是美国南部一位广受好评的作家,偏爱哥特风格和荒诞文学。"Q"删除了含有汉纳作品节选的段落,移除了20个相关访谈、讣告和回忆录的链接,还删掉了汉纳所获文学奖项的列表。其中有两处修改尤为显眼。在"汉纳在密西西比大学教授了28年的创意写作课程,同时也是文学硕士项目的带头人……"这句话中,"Q"删去了后半句"是学生眼中的一位好导师"。他还将汉纳的死因由"自然死亡"改成了"酗酒"。但是汉纳的讣告上已写明他死于心脏病,并且在去世前几年已经戒酒,滴酒不沾,数不胜数的悼词也印证了他生前作为导师的良好声誉。4月,与女作家阿曼达·菲利帕奇(Amanda Filipacchi)相关的维基百科页面也遭到"Q"的报复性编辑。此前菲利帕奇在《纽约时报》社论版上发表文章，指责维基百科的文字带有性别歧视色彩。经过数周调查，"Q"的真身浮上水面，他就是作家扬。此人多次暗中编辑美化自己的维基百科页面，而对同行贬损报复。扬对汉纳的心存怨恨源于2001年田纳西州的一次作家座谈会，当时与会者对扬的小说评价不高。当被第一次指认时，扬表示自己无辜蒙受了不白之冤，他没有注册过什么帐号，对编辑维基百科更是一窍不通。然而，所有的证据都指向了他，扬最终承认了，并表示："维基百科是一部伟大的后现代小说。它不是真相。"①

在莱纳德的文章发表后，"Q"被无限期屏蔽，禁止编辑维基百科页面。维基百科的自动修正系统及机制开始投入运行。

为了打击那些阴险的偏见和谎言，知名黑客维吉利奥·格里菲斯（Virgil Griffith）发明了"维基百科扫描器"。这是一款交叉搜索撰稿人网络地址的软件，能够准确识别每次更改条目的用户。他在听到多名美国国会议员曾"洗白"其相关维基百科文章的丑闻后，萌生了发明这一利器的想法。借助维基扫描，维基百科管理员发现，石油天然气巨头埃克森美孚（Exxon Mobil）、饮料霸主百事（Pepsi Co），以及全球最大的自助服务产品供应商迪堡（Diebold）等"作弊"，自己删除了在有关这些公司的条目中对其不利的信息。维基百科仲裁委员会还禁止了所有山达基教会（Scientology Church）拥有的IP

①金姬.《危机笼罩维基》[J].新民周刊,2013,47.

《泼柏油和沾羽毛的酷刑》。英国艺术家达维创作于1774年，现收藏于纽约大都会艺术博物馆。这是可见于欧洲及其殖民地的一种严厉惩罚和公开羞辱对方的刑罚，历史可追溯至十字军东征时期。通常由暴民作为私刑实施。受刑人被剥去上身或全身衣服，被倒上或涂上灼热的柏油，再向其扔满羽毛或者推至羽毛堆中，让羽毛粘在他身上尚未凝固的柏油上。随后受刑者通常会被放在车上或木棍架起来游街。

地址编辑条目，以制止教会的追随者和批评者之间已持续多年的争议和欺骗性编辑行为。

　　作为一个巨大的开放系统，维基百科与外界处于不断的知识、能量交换过程中，自身系统要获得稳定并保持进化，需要不断对外界做出反应和改变。美国学者约翰·霍兰（John Holland）著有《涌现：从混沌到有序》一书，在复杂自适应系统理论中提出了"刺激–反应"模型，认为主体在受到外界刺激时，会产生某些应对；每个刺激引起主体内部状态的改变，状态的改变触发了相应的规则。霍兰进而提出，主体的主动性以及它与环境反复的、相互的作用，才是系统进化的基本动因。总之，复杂自适应系统是由规则描述的、相互作用的，并且需要不断地修正、增添规则来适应。这意味着能够适应的就能生存，不能适应的将趋向湮灭。

提高精确度、有序发展，解决的方案就是制订并不断修正、增加规则。规则产生于系统对外界挑战的应对。系统的持续和健康发展，与系统规则的不断创建、完善密不可分。管理员及管理控制规则提高了系统的有序性和效率，提高了可信度。自由的维基百科给所有参与者平等的权利共同构建这一知识宝库，但并不意味着"放任自流"。

迫于现实的压力，维基百科正在构建越来越多的规则，似乎与其"开放"的原则相违背，但这实际上却是对大部分人更加开放的保障。在发展中由人人平等走向不平等，建立起与现实社会类似的层级制度，这使它看起来更像是真实社会的镜像。

# 编辑权之争

　　鹰嘴豆沙到底该如何归类？围绕这个问题，线上的争执和"编辑战争"接踵而至。"鹰嘴豆沙在以色列十分流行，难道不应该属于'以色列饮食'吗？""还是说，它本来是一种阿拉伯食物，只不过后来被犹太佬给偷去了？"在维基百科上一个叫作"史上最无技术含量的编辑战争"的网页上，有一个编辑如是写道。

　　人人可编写的百科全书，在来自全球各地的草根志愿者协同编辑的同时，编辑战已在所难免。快速变化的事件在维基百科会得到即时更新。但对条目中"错误"的修正及保持"正确"，却往往没那么简单，有时甚至引发持久的编辑战。

　　编辑战，一个伴随维基百科而生的新词，指在条目的开放编辑过程中，两位或多位编辑者就一个问题意见不合而无法达成协议，因此不断地互相删改对方的编辑内容以维持己方观点的行为。在内容已经达成共识的前提下，条目受到破坏而产生的频繁篡改与反篡改通常也会纳入编辑战的范畴。编辑战体现了维基百科开放、民主、中立、自治等宗旨，可以修正错误，提高条目质量。但人们也开始抱怨，编辑们越来越难确认定论。而且，一旦陷入混战，有时付出惨烈代价也未必能有什么结果。

2001年10月中旬，维基百科爆发了史上第一次"编辑战"。随着越来越多成员加入，一些要求维基百科更加开放的声音开始出现，而缺乏训练的志愿者写出来的条目，又令桑格无法接受。双方矛盾很快激化，桑格和"反对派"围绕一些条目反复删改、撤回，再改再撤回。到11月1日，桑格在讨论区措辞强烈地要求加强自己的权力，引起了更大反弹。2002年，网络泡沫破裂，在编辑方针上和威尔士存在分歧的桑格被解雇，离开了出生刚满14个月的维基百科。

美国计算机科学家乔兰·拉尼尔（Jaron Lanier），是最早开发虚拟现实技术的人之一，虚拟现实这个概念就是他在20世纪80年代初提出的。2006年他在科技与文化网站"新锐科学"上写了一篇文章，称维基百科这种"在线集体主义"反而压制了普罗大众的真实声音，实际上成了"网络暴政"。他写此文的根据是因为有人老在他名下的维基条目里说他是电影导演，拉尔尼认为自己是"计算机科学家、作曲家、视觉艺术家及作家"，在这些领域他都算行家，但并不是电影导演。他在文章中提到，他只在20世纪90年代拍过一部"很糟糕的"实验电影。拉尼尔写道，在维基百科构筑的世界里，我劳神费力地要从电影导演岗位上"退"下来，一次又一次，可老是有人"返聘"我；每次我修正了自己的维基条目，不出一天我又变回电影导演了。

剑桥的英国南极调查局气候研究专家威廉·康诺利

（William Connolley）与气候变化怀疑论者进行了两年的争夺战，以应对全球变暖问题。当康诺利被其中一位怀疑者侮辱时，编辑工作变成了"拉锯战"，编辑之间反复撤消彼此的更改，6个人"战斗"了几个月。此事后来被转交给了维基百科的管理员。康诺利的两个反对者被禁止编辑任何气候文章。但这是一个起伏纠结的过程。负责此案的维基百科编辑花了3个月的时间才做出决定。因为他反复更改怀疑者编辑的文字，他们还惩罚了康诺利，使他处于6个月的假释期，在此期间他每天只能复审一次。支持康诺利的用户对这一决定提出了质疑。百科全书的联合创始人威尔士承认："与麻烦制造者打交道需要很长时间。""康诺利做得非常出色，不得不面对相当多的麻烦。"

2002年秋天，北京大学数学系学生"山地"（Mountain）无意中发现了维基网站，随后汉化了界面。不久后它得到维基总部的承认，就此中国加入世界维基序列。很快，中文维基迎来了首批活跃的志愿者编辑——三位来自中国大陆，一位来自台湾，一位来自香港，一位来自新加坡。中文维基一开始就是多元的，不同地区、不同文化的华人都能参与。不久，两岸青年在历史文化认识上的分歧迅速凸显。例如，由1945年至1949年发生在中国大陆的战争，就引起了"解放战争"和"第二次国共内战"的定义之争。还有维基人注册了"揭开历史真相"的账号，双方各举证据，互相质疑，原本只是1 000字节的条目，容量扩充了20倍。两岸历史和现实的复杂性让争论变得频繁而琐碎，就连一个方框都能成为战场。中

北极冰层融化。自二业革命以来，人类向大气中排放的二氧化碳等吸热性强的温室气体逐年增加，大气的温室效应也随之增强。全球气候变暖，造成全球降水量重新分配、冰川和冻土消融、海平面上升等，不仅危害自然生态系统的平衡，还产生了威胁人类生存等一系列问题，已引起世界各国的关注。

文维基要编一个中国历代年表，但到1949年后，台湾维基人要求将台湾并列在大陆旁边，而且表格大小要一样；大陆维基人则表示反对，认为应按两岸实际面积大小来设计表格。

2013年4月，一家杂志刊长文披露东北某女子劳教所的"内幕"。三天后，台湾维基人"我们追踪"和"微笑886"在中文维基上建立起相关新条目并进行了49次编辑扩充，内容包括外媒报道、联合国报告以及一封未证真伪的求救信。从第三天开始，大陆维基人开始反击。他们质疑的焦点在于，台湾编辑信息来源的客观性和对西方媒体的倾向性。"黑雪姬"在质疑之后的半个小时之内，进行了29次编辑，删去与媒体报道有关的2 000多字。凌晨2点，"黑雪姬"再次删去了台湾编辑的内容，并加上表示条目具有争议性的标志。但不过20分钟，在电脑前坚守整晚的台湾编辑"我们追踪"就发现了"敌情"，重新撤销了"黑雪姬"的版本。台湾编辑向"黑雪姬"提出抗议："警告你不要再破坏。"当晚3点20分，另一位大陆维基人"宇文宙武"则充当"黑雪姬"的援军，再次撤销了"我们追踪"的编辑内容。这场拉锯战从当天下午3点一直持续到第二天早上9点，管理员不得不介入，中止了这一编辑对抗。

维基百科创建以来，关于其偏见与保守的争议时见报道，编辑战也成了不同阵营、种族、人群之间的拉锯战。

2010年，肯尼亚的一群维基百科用户试图为马克门德（Makmende）创建一个条目。马克门德是一位虚拟的英雄，头缠红色发箍，在肯尼亚家喻户晓。他的名字最初源自美国电影演员克林德·伊斯特伍德（Clint Eastwood）的一句台词："来呀，让我开心一把。"当某人尝试完成一项"太有野心"的事情时，别人就会问他，是不是把自己当成马克门德了。后来，肯尼亚一支乐队拍摄了一部以马克门德为主角的影片，广播电台还开通了热线电话，马克门德的故事和笑话火遍了肯尼亚。2010年4月，他锁眉怒目、挥拳格斗的形象作为年度人物登上了美国《时代周刊》的封面。然而，这位英雄进入维基百科的道路相当崎岖，创建马克门德条目的尝试一次次遭到拒绝。原因是，编辑者认为该主题无关紧要，不值一提。但是支持者认为，维基百科并非那么阳春白雪，他们还提取了美国、欧美类似的条目作为指证。比如"6号"（Number Six），是美国科幻连续剧《太空堡垒卡拉狄加》中一个具有人类特点的"赛昂"机器人，外表美丽但内心残忍。

马克门德事件再次引发了对维基百科的偏见与保守的争论，主要指其偏重技术、西方、男权等问题。维基百科常年有超过十万的活跃志愿编辑者，他们大都生活在美国和欧洲。这使得维基百科看起来更倾向于迎合西方人的口味和兴趣。维基百科中流行文化占据很大篇幅，比如视频游戏《最后一战》（*The Last Battle*）的条目比有关"新教改革"的条目长得多。

根据2011年英国牛津大学的马克·格拉汉姆（Mark Graham）及其同事所做的一项研究，维基百科中84%有地点标签的条目与欧洲或者北美洲有关；有关南极洲的条目数量超过非洲或者南美洲的任何一个国家。事实上，很多非洲国家拥有的条目还不如虚构的中土世界多。格拉汉姆把这些地区称为"实质上的无名之地"。

为了鼓励发展中国家的编辑者，维基百科媒体基金会说服巴西和埃及的大学老师在学生作业中，加入创建或者更新维基百科条目的内容，并于2012年推出"维基百科零"（Wikipedia Zero）计划，在全球更多国家，主要是欠发达国家推广维基百科，与诸如泰国、马来西亚、塞尔维亚以及南非等国家的电信企业建立合作关系，在手机上预装了维基百科，以维基百科不计入数据流量收费的方式，将其推广给更多的人使用。后来，随着网络数据资费的大幅下降，2018年维基百科宣布关闭"维基百科零"计划。

此外，性别对内容的影响也成为人们关注的问题。维基百科的编辑者中大约90%为男性。2011年，美国明尼苏达大学的林雄（Shyong Lam）及其同事统计了大约6 000个与电影有关的维基百科条目的长度。篇幅较长的文章对事物的阐释通常更加全面、透彻，因此长度通常倾向于代表文章的质量。林雄发现，主要以女性为目标受众的电影条目往往更加单薄。同时，从条目类别看，可能也受到性别比例问题的影响。比如，女性编辑者更乐于编撰艺术或哲学之类的主题，然而编辑者数量偏低可能会使这类条目偏少。有人还以"英国王妃婚纱裙"条目被认为重要性不足而曾被删除事件，说明维基百科的性别歧视。2012年10月，一群女性科学家和工程师发起了"编辑马拉松"运动，鼓励妇女们将那些有违性别公平的条目，或是那些被"性别歧视"所删除的条目，勇敢地改回来。

2013年7月3日，埃及军方以穆罕默德·穆尔西（Mohamed Morsi）未能解决国家当前面临的危机为由，解除了他刚担任一年的总统职务。数小时内，有关此次事件的条目就出现在维基百科上。然后，争论开始了。一些埃及用户认为，"埃及2013政变"条目标题涉嫌侮辱和偏见，因而在评论区发起挑战。随着埃及内政外交局势的动荡，爆发了一场关于如何描述该事件的广泛争论，"埃及事件"愈演愈烈。支持者列出不列颠百科对"政变"一词的解释："政变，是指一小部分组织用武力推翻现有政府管制。政变组织中的核心人物必须是武装组织、警察或者其他军队形式的团体。政变强调颠覆现有最高当权人物的统治，并代以新的政府组织机构。"穆尔西曾于2012年6月击败军方代表，以51.8%的支持率当选埃及

第五任总统，是首位民选总统。2013年7月3日，埃及军方推翻了穆尔西和他的统治机构，埃及最高宪法法院院长阿德·曼苏（Adly Mansour）宣誓就任埃及临时总统。从权威的不列颠百科解释到事实，维基百科似乎没有什么错。然而，有相当多的人表示了反对意见。他们也列举事实指出，2013年6月30日，即穆尔西上台一周年之际，埃及爆发了全国性抗议示威，大部分埃及民众都参与了为期数天的示威游行活动，并且埃及反政府组织只是要求更换领导人。因此，埃及事件不能被定义为反政府"政变"，而应该被描述为一场"顺应潮流"的革命。此外，还有媒体指出，维基百科在面对埃及先后两次事件时，采取了不同的条目标题。它将2012年推动穆尔西上台的事件定义为"革命"，而将此次推翻穆尔西统治地位的事件描述为"政变"，这前后不一的做法表明维基百科违反了"中立主义的观点"，并且还表现出了它强烈的政治倾向性。

2017年初《新京报》、人民网等媒体报道，维基百科网站在范围分类中将针灸归属为"伪科学"，在针灸英文页面上写有"acupuncture is a pseudoscience"（针灸是伪科学）。维基百科的这一举动，立即引发轩然大波。由一个针灸基金会牵头，数千名多国中医师在维基请愿书网页签名抗议，"这完全就是反针灸宣传"，"维基百科的影响力在全世界都很大，人们在进行搜索时若看到对针灸如此介绍，那将产生很严重的问题"，他们呼吁以医学和科学共识来纠正维基百科的针灸介绍页面。事实上，针灸是流传千年的中华传统医术，在海内外临床应用非常广泛，且积累了大量的研究文献。2010年11月16日，"中医针灸"被联合国教科文组织列入"人类非物质文化遗产代表作名录"。2016年《中国的中医药》白皮书显示，中医药已传播到183个国家和地区。103个世界卫生组织会员国认可使用针灸，18个国家和地区将针灸纳入医疗保险体系。据报道，美国针灸的发展已超过40年，美国卫生研究院（NIH）早对针灸进行了鉴定和说明，针灸已在全美44个州合法化，目前美国针灸师已超过4.5万人，至少有5 000名左右的西医师具有针灸执业资格。然而，维基百科称传统中医包括针灸缺乏科学根据、效果无法测定和量化，拒绝做出修正。此次请愿的主要发起者、英国针灸医生梅尔·科普曼（Mel Copman）在接受采访时表示，一些有着科学和医学背景的人想要提供一些来自主流传统医学机构的证据，证明针灸是一种在实践中有效的治疗方法，却被审查并被反针灸的怀疑论者禁止，哪怕是细微的改动也立刻被删除。目前，这场针灸话语权的争夺还在旷日持久地进行。

2019年6月10日，维基百科仲裁委员会下达了一个自其成立15年来从未有过的禁令，犹如投下一枚深水炸弹，在维基百科管理员社区炸起了冲天巨浪。禁令禁止一名为弗拉姆（Fram）的用户访问维基百科，为时一年。而这个倒霉蛋是维基百科的管理员，他从维基百科创建的第一年加入，已贡献了数以万计的优秀条目，可谓功绩卓著，在维基百科社区享有盛名。当仲裁委员会对他发出警告时，他编辑了仲裁委员会的专属条目，并加上"去他妈的委员会"以示抗议。尽管仲裁委员会出于保护投诉者的原因并未透露是谁投诉了弗拉姆并最终导致他被封禁，一些蛛丝马迹和小道消息还是传了出来：一名女性编辑在撰写关于女性运动员、女同性恋和堕胎权利等条目时，弗拉姆"近乎骚扰和监视般"地纠正她的拼写措辞，甚至在后台删除了她缓存的还未完成的文档，这名女性编辑认为弗拉姆缺乏基本的善意和礼貌。与此同时，弗拉姆非常厌恶左翼自由主义者在自造词语方面的"创造"，他表示这是对语言系统的污染，比如他始终判断"Xe"属于性别错称，一个人的性别要么是"He"，要么是"She"，而不承认这个用于表达无性别第三人称的"Xe"可以用在条目文案里，他认为这会误导其他用户，同时造成理解上的模糊。在知道对方族别的编辑战中，弗拉姆以一个特征极其明显的种族主义声明而引起众怒，他说：我不会因为名字前面加了字母N就分不清一个黑人的种族。

然而，对弗拉姆这样勤奋而积极的管理员实施禁令，引发了编辑社区前所未有的互撕。有些编辑支持禁令,有的反对,毫不掩饰地表达了对仲裁委员会拥有过大权力的忧虑。他们建立关于封禁弗拉姆的条目并展开编辑战,记录一次次被覆盖,内容累积近10万字,包括提案和反提案、支持或批判、呼吁耐心及主张妥协、将弗拉姆提名为诺贝尔奖的讽刺推荐信、关于独裁的教训等等。现在,维基百科不得不与自己最忠诚的用户公开宣战,尽管离开了他们它不可能有今天的成功。

从未停息的"编辑战"一直困扰着这个高举互联网旗帜的免费百科全书,而"自由百科"为解决争议而收紧的管控,又让志愿者们感觉到,流失的不仅是创造性内容,还有尊严和权利。

作为"人人可编辑的百科全书",编辑战在不同观点冲突的条目上表现得尤为激烈,其实质是"编辑权之争"。所以,有人说,在互联网时代,也许历史不再是由胜利者书写,而是由"维基百科上胜利的编辑们"书写。

# 丰俭由人

随着规模独大、声名鹊起，维基百科又开始饱受马甲水军侵扰，遭遇信任危机。

马甲，网络用语，一个人在同一个论坛（IP地址）注册多于2个（含2个）ID并同时使用时，常用的或知名度较高的那个ID一般称为主ID，其他ID称为马甲ID，简称马甲。水军，网络用语，被雇佣的网络写手，通过伪装成普通网民或消费者，以发布、回复和传播特定信息等对正常用户产生影响。

2012年，一次普通的举报揭开了维基百科有史以来最大的马甲水军黑幕。维基百科资深编辑"树博士"是位鸟类极客，他在维基百科上编辑鸟类学相关条目。某日他偶然发现一家位于英格兰的主营高科技数字加密技术，名为"网络安全"（Cyber Safe）的公司竟然也和鸟类学相关。疑窦丛生的"树博士"开始关注这家名不见经传的公司。这家公司在维基百科上有一个专属的条目，而此前已经有人指出这个页面应该被删除。一般来说，一个维基百科条目的主体一定得具备"知名度"，即这个主体必须曾经被信源（新闻机构或出版社）报道过。表面上,这公司看起来符合维基百科的知名度标准,该条目下的每一个事实点都有若干标注,显示引用自多个新闻机构。但只要点开标注里的链接,就会发现这里头另有玄机。这些新闻报道讲的都是网络信息安全,而不是这家公司本身。然而,尽管条目疑点明显,但在公开讨论中却有不少账号竭力为其辩护,称这个页面不该被删除。但是,这些人的编辑历史要么空白一片,要不然就是编辑过一系列不出名的小公司,或者不出名的小人物条目。而且,这些辩护者的论调也非常相似,看上去像是出自同一个人的手笔。这引起了"树博士"的注意,他怀疑这些账户都是马甲。这是很严重的问题,维基百科实行网友自治,如果一个网友控制了多个马甲,他就可以在讨论中占有人数优势,讨论出来的结果也就无信用度可言。于是,他向维基百科管理员提出了调查申请,水军黑幕也由此被揭开。整个调查从2012年8月14日延续到2013年9月20日。根据维基百科的调查,共有323个账号被确认为马甲,另外还有84个账号存疑,他们来自50多名真实的网友,而且,这些账号都出自同一个马甲网络,已经在维基百科上进行过900多次条目创建或编辑。维基百科将所有确认的马甲账号拉进了黑名单,与此同时,管理员还删除了该马甲网络创建的数百个条目。

谁是幕后黑手?新闻媒体顺藤摸瓜找出了元凶——一家名为"维基公关""(Wiki-PR)的公司。根据维基社区新闻网"路标"(Signpost)报道,这家公司创立于2011年2月,注册地在旧金山,办公室则在得克萨斯州,有25名全职员工,还有很多远程工作的自由职业者。公司官网上宣称它可以把客户需要的软文翻译成270种语言，植入维基百科的各个版本。公司配有实时修改软件，也能经常改变IP地址。成立初期，"维基公关"的报价是每个条目500美元，现在则是2 000美元。如要保证长时间在维基百科上存在，每月另收99美元的维护费。两年多来，"维基公关"至少创立修改了12 000个条目。11月19日，维基媒体基金会委托硅谷库利律师事务所（Cooley LLP）向"维基公关"发去律师函，要求其停止所有马甲账户和付费编辑行为，否则将对该公司提出法律诉讼。

其实，对于维基百科来说，水军滋生似乎已成常态。早在2006年，格雷戈里·柯斯（Gregory Kohs）创立"我的维基商业公司"，报价以每个条目49—99美元编辑维基百科，被英文维基仲裁委员会发现并处罚，维基百科创始人之一威尔士亲自封了此人账号。2015年，维基百科再度向水军宣战，在进行一项针对可疑编辑和水军账号的调查后，屏蔽了超过250个水军账号。

公关公司为客户在维基百科上创建条目已经成了一门明码标价的生意。他们还承诺可根据客户动态对条目进行及时更新，如果条目被删除，他们会帮客户重新建立条目。另外，如果一个客户达不到维基百科的"知名度"准入标准，公关公司也会帮忙生成一些文章使其达标。还有的网页给出免费指南，教人如何避开"挑剔"的维基团队，以便在网站上发布内容。有的公关公司用广告高薪招聘"水军"，专门负责修改维基百科上的内容。这些公关公司并不是什么地下组织，有些还是知名度很

该图创作于1910年，现收藏于华盛顿美国国会博物馆，描绘的是著名的"报纸大亨"赫斯特扮成小丑模样，对如饥似渴的群众大肆散布"假新闻"。19世纪，美国的新闻行业曾被批评家批判为"虚假的"，大都沉浸在极具攻击性中，对杰出人物残酷的诽谤和造谣中。

高的大公司。在这些公司的官方网站上，公开宣扬"维基百科将不再成为你的问题"。

尽管维基百科旗帜鲜明地反对有偿编辑，但这种行为却屡禁不止。面对泛滥的水军，维基百科大多通过封号来遏制；它还专门更新用户条款，严禁有偿编辑。然而，公关公司依旧我行我素，水军也没有消失。市场对维基"水军"的需求仍然很旺盛，而且不断提高要求，因为如果写手所写内容仍是传统的公关软文，将直接被维基百科拒绝。迈克·伍德（Mike Wood）曾经是维基百科的志愿者编辑，在最初的热情消退后，他做回自由撰稿人，以写作为生。此时他发现有不少广告招聘"水军"，专门负责修改维基百科的内容。2010年，伍德"重返"维基百科，只不过这一次他的编辑是有偿劳动。他在维基百科上每"发表"一篇作品收费400—1000美元不等。

诚然，维基百科所有条目的形成都是透明的，编辑过程都会被记录并保存下来，以便为追究涉嫌欺骗的行为提供证据。然而，由于参与维基百科编辑的人员通常匿名工作，条目不需要原作者署名，编辑人员的个人诚信成为维基生存和发展的基石。伴随维基百科的发展，公众对编辑人员可信度的质疑始终存在。

维基百科一方面不遗余力地对大众宣扬"自由与开放"的神圣使命，但另一方面又不断出现"热点"事件，多位重要维基人物都栽倒在付费编辑丑闻里。

2012年9月，两名维基百科知名用户（也是资深编辑）卷入了付费编辑丑闻，被质疑通过编辑和推广某些条目以直接获取私利。第一位是维基媒体基金会英国董事罗杰·班金（Roger Bamkin），他的职业是公关顾问。他被指在收受直布罗陀官员的款项后，批准发布"明显吹捧"该半岛的文章，同时还积极在主页"你知道吗"的栏目多次推广相关条目。仅在2012年8月，"直布罗陀"就17次出现在该栏目中。第二位是马克西米利亚·克莱因（Maximilian Klein），其职业是咨询顾问。他被指控公然藐视维基百科关于利益冲突的规定，把维基百科页面变成公关宣传，他的公司对外承诺能帮助客户撰写让人称赞的维基百科条目，从而优化客户在搜索引擎的排名。丑闻曝光后，他们都引咎辞职了。

2014年初一个周三的晚上，基金会发表声明称，维基媒体基金会正式解雇作为社区节目评估协调员的萨拉·斯蒂尔奇（Sarah Stierch）。她从2006年开始作为一名编辑活跃于维基百科，而在维基媒体基金会就职期间，她在拓宽大众参与编辑，特别是常被忽略的女性参与编辑的工作上表现出色。事件起因是某匿名博客于周日的贴文中指控斯蒂尔奇收费编辑维基百科。文中包括一张某自由职业布告板上斯蒂尔奇个人主页的截图，她在个人概况中写到，她是"维基老编、管理者、研究人员和外联协调员"。从项目经验一栏上可以看到，她在上个月为客户创建了一个"维基百科个人页面"，收取了300美元。另一个执行中的项目显示，她编辑维基百科每小时收费44.44美元。

对维基社区来说，收费编辑无疑是它当前面临的最急迫的道德困境之一。为了保持公正，维基百科"坚决不鼓励"那些视外部利益（包括个人利益）比维基宗旨更重要的人参与编辑。对于有些人发起的付费倡议，基金会更是极力反对，认为这是非常恶劣无节操的倡议。

比较难发现和处理的是那些微妙的更改。它们一般出现在某一组织和企业的条目里，有的将语言特意改成"推销式"的，也有将语言改成"褒扬式"的。在维基百科里，隐藏着很多为了自身利益而编辑的条目：有企业的，有政客的，也有组织的，都试图重写历史，美化自身；或更有甚者，对公众想了解的事件，他们居然会捏造出另一个版本。

水军的屡禁不绝，损毁着维基百科的可信度，也给维基百科内部的编辑秩序带来了冲击，给志愿者编辑带来苦恼和麻烦，削弱了编辑力量。美国急诊医生詹姆斯·海尔曼（James Hellman）是维基百科最高产的医学编辑之一。2013年1月，他注意到有一位叫谢尔伯（Sherber）的人试图编辑医学条目"椎体后凸成形术"，将其疗效由"仍有争议"修改为"经充分研究并记载"。

海尔曼通过搜索发现，此人供职于一家专门生产后凸成形术器材的公司，因此他拒绝了这次修改请求。在编辑受阻后，谢尔伯仍以别的名字注册维基用户，再次尝试编辑此条目，还在志愿编辑专用的一个页面上诋毁海尔曼。编辑们抱怨，为杜绝公关类型的编辑请求，他们每天不得不花大量时间在网上"巡逻"，尤其是那些关于明星、个人和公司的条目。在水军越来越多的情况下，资深编辑可能不如先前那样愿意花时间去帮助新手，新的编辑只要一犯错，就会被其他编辑踢出去，没有什么情面或理由可讲。

更多的权力集中到"管理员"手中，这些维基百科的编辑可以对经常受到人为操纵的网页进行删除和恢复操作，或者把网页锁定一段时间以防止进一步的编辑。这些改变给某些条目带来了一定的稳定性。不过，维基百科的讨论板充斥着对条目没有正当理由就被锁定的抱怨。

这也从一个方面导致了部分编辑志愿者流失，以及新编辑的加入受阻，英文维基百科活跃编辑者数量自2007年以来一直处于缓慢下降中。随着网站日益成长，维护其正常运转的志愿编辑团队却在逐渐萎缩。海尔曼与人合著的一份报告显示，2008—2013年期间，专注医疗话题的维基编辑减少了四成。

维基百科的尴尬是，巨大的影响力导致公益性质的、免费的、无偿的条目和内容，现在成了商业世界明码标价的有偿标的，只要维基百科继续坚持原有宗旨，与马甲、水军、公关公司的斗争，以及内部的反腐败就不可能停止。

据相关人士估算，如果维基百科现在要刊登广告，其价值可达50亿美元。不过，如果要把维基人无私奉献的劳动成果公然地进行商业贩卖，威尔士肯定会遭到大家的鄙视。

现在，仍然有人在猜测维基百科的商业化前景：在这个IT产业的大公司以高价收购优秀协作型网站的时代，维基百科就不能有个金光闪闪的未来吗？在这个世界里，谷歌等搜索引擎已经给每个词都标上了价，自由、民主和完全免费的理想所掩盖的无非也就是金钱运作！然而，维基百科掌门人说：我们坚持非盈利之路；未来会告诉我们谁是正确的，我们也希望最后的结局同样会在维基百科上得到记录、辩论、阐述和评估。

至今，仅靠捐款的维基网站已经走过了19个年头。"永无广告"，是维基百科的承诺，但是，这也不是绝对

莫罗火山。位于爪哇岛东部，陡峭的山笔直矗立在辽阔的岩沙平原上。符冰影。

的。基金会的募捐广告，也是唯一的广告会在每年年末
出现：

最少1美元，丰俭由人。

# 知识的民主化

　　最初所有的人都认为，维基百科只是由威尔士、桑格两个异想天开的家伙捣鼓的乌托邦式社会试验：把世界上的知识记录下来，人人可自由创造和管理。但是它真的创造了奇迹。直到现在，它非但没有在混乱中崩塌，反而以惊人的条目数、版本数、用户数、点击量、编辑量、传播面、网站排名等，成为当今世界百科全书翘楚，成为覆盖全球，人类有史以来最大的参考书。谷歌的知识图谱和智能语音助手Echo、苹果的Siri都通过维基百科来为用户提供快速的信息检索。时至今日，维基百科成为人们了解和研究世界的助手，它的价值毋庸置疑。

　　维基百科诞生于21世纪初，然而它与开始流行于20世纪70年代的黑客文化、90年代的自由及开放源代码软件运动等一脉相承，而这又都与计算机技术、网络技术的发展密切相关。随着技术的发展，意想不到的"副产品"及其社会变革出现了。先是黑客，他们是一群晃荡于网络，精通计算机的天才，把促进网络资源公开化作为自己的职责，认为一切计算机资源都应该免费。早期黑客们的理想是乌托邦式的，然而，进入20世纪80

年代后，黑客社群在软件工业商业化的强大压力下日渐土崩瓦解，甚至连AI实验室的许多黑客也组成了公司，试图以专利软件来取代实验室中黑客文化的产物——免费且可自由流通的软件。这时，一位叫理查德·斯托曼（Richard Matthew Stallman）的老牌黑客站了出来，于1985年发表了著名的GNU宣言（GNU Manifesto），正式宣布开始一项宏伟的计划：创造一套完全自由免费，兼容于Unix的操作系统GNU。之后他又建立了自由软件基金会来协助推动该计划。"自由软件运动"成为推广用户有自由使用、复制、研究、修改和分发软件等权利的社会运动。发起者和支持者认为，禁止计算机用户行使这种自由是不道德的行为，因为这阻止了软件用户学习以及帮助其他人的权利；"自由软件运动"将促进而不是阻碍科技的发展，许多系统不必再重复编程，大量浪费可以避免。这一运动深得人心，风靡了网络世界。

威尔士、桑格，当时都在计算机圈里混，理想爆棚，踌躇满志。自由、民主、人民的百科全书，去中心化，人人皆可编辑、思考、学习和共享，成为接下来在2001年登场的维基百科的基石和旗帜，"任何人都能在任何时候编辑任何页面"，反映了计算机文化分享、公开的精神特质。

维基百科成立19年后的今天，它已经如此庞大，各项数据惊人，知识无所不包。它的存在验证了一种截然不同的组织生产形式，它是网络可以推翻关于人的动机和组织的旧有观念的经典实例。"通过互联网把每个人的知识都利用起来，就可以做成令人惊奇的事情，维基百科是最显而易见的例子。"①

　　技术的发展，从哲学思维到一个个运动、计划，再一次将知识民主化推向新高度。其实，知识民主化进程，甚至可以追溯到若干世纪之前。中世纪，教会垄断了知识，大学这类新式机构在12世纪开始兴建起来，但还严重依附于教会。15世纪随着文艺复兴的到来，欧洲开启了漫长的世俗化过程，学术讨论、知识等不再是教会或者学者的专利。16世纪中叶前，"纯粹知识"如希腊文和拉丁文经典著作的知识地位很高，而"实用知识"，像生意和生产过程中的知识，有如掌握它的手艺人和工匠一样，地位低下。那时被上层阶级视为地位低下的七种"机械技巧"是：制衣、造船、航海、农业、打猎、医疗和表演。而17世纪的科学革命，"是一个更具自我意识的知识创新过程"②，大量另类知识并入学问之中，比如化学，曾得益于古老的炼金术，植物学则从园丁的知识发展而来。这些都反映在同时代的百科全书中。

　　18世纪的启蒙运动，标志着一个新的转折点的到来。越来越多自发性学会、协会出现了，甚至沙龙、咖啡馆也被誉为"启蒙运动的工作坊"，各种人员参与到知识的组织、生产过程中来。著名的狄德罗法国《百科全书》，以及本书主角之一的《不列颠百科全书》也是这一进程的产物。法国《百科全书》一改旧制，以培根新的

①尤查·本科勒. 企鹅与怪兽：互联时代的合作共享与创新模式[M]. 简学，译. 杭州：浙江人民出版社，2013：211.
②彼得·伯克. 知识社会史：上卷[M]. 陈志宏，王婉旎，译. 杭州：浙江大学出版社，2016：42.

《寻找哲人石的炼
术士发现了磷》。[?]
国画家 怀特创作[?]
1771年，于1795年[?]
画。现收藏于德比[?]
物馆与艺术画廊。[?]
金术存世2500多年[?]
广泛存在于美索不[?]
米亚、古埃及、波斯[?]
印度、中国、日本、[?]
鲜、古希腊和罗马[?]
穆斯林文明，以及[?]
洲地区。炼金术经[?]
现代科学证明是[?]
误的，但它是近代[?]
学的先驱。通过炼[?]
术，人们积累了化[?]
操作经验，发明了[?]
种实验器具，认识[?]
许多天然矿物。

科学分类作为百科全书框架依据。西方中世纪百科全书
总是将上帝视为知识之源，或是按照《创世纪》的次序
讲述事物，或墨守成规，以古典的、反映"自由人"全部
学识的"七艺"作为知识框架，编排上采用知识门类排
列的方式，顺序一般是圣经、教会、七艺（文法、修辞、
逻辑、算术、几何、天文、音乐）、医学等。被马克思称为

真理的圣殿》。法
铜版画家、国王藏
总管科钦（又译小
尚）1765年绘制，
收藏于巴黎装饰艺
图书馆。画面上表
的是在真理殿堂中
类真知的架构：圣
上方，居中的真理
着一袭轻纱，她焕
的光芒冲破乌云，
驱了阴霾。真理的
边是理性和哲学，
他脚下跪着的是神
，同一边还有几个
象是记忆、古代和
代历史，历史正在
写编年史，而她依
的则是时间。往下
几何、天文和物理
再往下的形象是
学、植物学、化学
农业。最下面的是
于科学的几种技艺
职业。在真理的左
是想象。想象之
是诗的各个流派：史
诗剧、讽刺诗和田
寺，其次是各种艺
音乐、绘画、雕像
建筑。

    "整个现代实验科学的真正始祖"的培根，创建了全新的知识分类体系。以培根的科学分类为分界，之后的百科全书逐渐打破樊篱，脱离旧有规制，以科学的知识分类为设计和编排基础，越来越具有新的活力。启蒙运动时期诞生的法国《百科全书》《不列颠百科全书》等，条目次序则采用按字母顺序排列。字母排序法的使用，固然是知识快速发展、百科全书容量快速扩张、检索成为主要功能所需要，但也"反映并激励了从分层和有机的世界观到个人主义和平均主义世界观的转变"，"至少在某些方面加强了主笔们想要推翻社会等级制度的野心"①。

19世纪下半叶开始，越来越多的期刊、出版物出版发行；1851年世界博览会举行，随后各种世界性博览会频频举行；图书馆、博物馆兴建掀起高潮。这些都让科学向外行揭开了其神秘的面纱，推动了知识的普及化。

20世纪后半叶开始，以原子能技术、航天技术、电子计算机技术应用为代表的第三次科技革命，给人类社会带来了翻天覆地的变化。知识产业的兴起成为新时期最显著的标志之一，后工业社会、信息社会、知识社会，成为当今社会的标签。知识全球化、知识无边界传播渗透进人们日常生活的各个角落，知识工作者的数量和种类飞速增长，知识的民主化趋势显而易见。书籍数字化、在线阅读，人们接触世界各地图书馆及其藏书，包括浏览珍贵古籍卷册变得那么简单、唾手可得。数字图书馆，成为无墙图书馆，成为真正意义上"人民的图书馆"。网络也被形容为数字民主，一种民主的力量。

---

① 彼得·伯克. 知识社会史：上卷[M]. 陈志宏，王婉旎，译. 杭州：浙江大学出版社，2016：123.

知识的民主化当然也影响了百科全书，它在21世纪的网络百科全书中形成新高潮，其中现象级典型就是维基百科。"自由的百科全书，人民的百科全书"，"任何人都能在任何时候编辑任意页面"，"我们要的是创造一个地球上每个人都可以免费获得全人类知识的世界，没有阴谋……没有精英主义……没有等级制度"，"让人类所有的知识百川汇海"，将全世界的知识汇聚一处，使这颗星球上的每个人都能自由获取。维基百科成为折射互联网世界本质的一面镜子。以前，胜利者才能书写历史，而如今，每个人都拥有了这个权利。

　　当线上的裁判团无法对编辑间的争执做出决断的时候，维基百科"仁慈的终身独裁者"，被唤作"吉伯老大"的威尔士就必须要做出最终裁决了。但他也经常遭到维基人的批评。对他的批评包括：在编辑维基百科条目内容上"耍花招"，还利用维基这个平台来"宣布"与其时任女友分手等。

　　威尔士本人写的一个关于南非餐馆的条目曾经被删除过，理由是它"没有表明重要性意义"。

　　维基百科走上正轨后，威尔士曾试图在有关条目里将自己称作维基百科的独立创始人。然而，桑格表明事实并非如此。他声称，要让每一个人（而不仅仅是相关专家）来编辑这个百科全书是威尔士的主意，可当时的威尔士并不大相信维基技术，是他说服了威尔士接受它。此外，桑格还说维基百科这个名字也是他提出来的。威尔士试图更改自己条目的事，被维基人认为违背了维基百科协定，引起轩然大波。目前，他的条目里仍

称他为"维基百科的共同创始人之一"，并用一个名为
"相关争议"的部分详尽地解释了桑格的创始人之争。
里面提到，2001年《纽约时报》的报道和2002年一篇
维基百科新闻稿，都以创始人的身份提到了威尔士和
桑格的名字。

2010年4月，桑格向美国联邦调查局指控维基媒体
基金会藏有并传播儿童色情作品。为此，威尔士在留言
板上做出如下陈述："在此次行动中，对于愿意帮忙删
除那些只图满足耳目之欲而毫无教育意义的图片的任何
人，都会得到我的全力支持。我们必须马上删除所有色
情图片。同时，对于保留下来的关于性知识教育的图片，
我们必须确保它们大方得体且无损大雅。记住，裸露并
不就代表色情。跟我们其他项目行动一样，编辑方针和
判断一定要好好遵循。"然而，有超过300位维基社区编
辑进行回应，他们签署请愿书，谴责威尔士专横独裁的
行为，因为他居然删掉了存放在维基共享资源上的众多
图片。维基共享资源用来存放自由开放的图片、声音等
文件，上载的文件可在其他维基计划中使用，包括维基
百科、维基教科书、维基新闻等。同时，他还允许他人
无节制地删除所谓"色情的"图片，其中包括了有裸露
内容的著名的历史画作。

维基人还埋怨，威尔士已经成了名流权贵的私人编
辑。有一次，威尔士去酒店参加活动，目的之一是推广维
基百科，为维基百科的运营争取捐助。在谈论海地和中
东糟糕的局势时，塔瓦库·卡曼（Tawakkol Karman，也
门妇女权利倡导者，2011年诺贝尔和平奖获得者）提到

了她的名字在维基百科上被拼错了的事儿，"他们全都拼不对我的名字，或许我得展示一下我的护照了"。威尔士当即保证对此做出更正。卡曼事件后，嘻哈团体黑眼豆豆创始人亚当斯向威尔士抱怨，称他的维基页面上也有一个错误——每个人都以为他是（William James Adams Jr.），但是其实他的名字里既没有"James"，也并不是"Jr."，于是，威尔士打开电脑，修正了这个条目。但有编辑对威尔士的更改提出了抗议，认为他偏信一面之辞，违背了维基百科的协定——客观事实必须得到书面证据的支持。编辑在参考了两个已发表的文献后，改回了这位嘻哈歌手的全名，并写道："在个人信息方面，当事人的陈述并不一定可靠。"

有志愿者写道："吉米不是维基百科的主人，可能他的确是创立者之一，但是这又怎么样？维基是属于所有维基人的。"威尔士承认，这多少有点道理。他意识到，"从理论上说，他在维基百科上有终极权限，可以随心所欲地订下任何规定。可实际上，如果他真的这样做了，维基人肯定会疯狂地抗议"。

2012年1月18日，维基百科英文版一如以往，接受着来自全球数以千万次计的访问，然而，这一天从零时至24时的任何查询，结果都只指向了一个黑色页面，上面写着大字："试想一个没有自由知识的世界。"

这是维基百科发起的一次抗议性黑屏行动。前一天，维基百科创始人威尔士通过推特确认，为抵制PIPA法案和SOPA法案，维基百科网站将于美国东部时间18日零点起实施关站24小时。他写道："马丁·路德·金说，

巨型不锈钢雕塑"大<br>子" (Big Bean)。<br>加哥市中心标志性<br>塑,外形像一粒巨<br>的豌豆,具有哈哈<br>一般的变形效果。

'自由从来不是统治者慷慨赐予的;它必须由被统治者争取而来'。本周三,维基百科就将自己争取自由。""仅有英文版百科全部关闭,但行动是全球性的。比如,德文维基百科将挂出条幅声援。"他还提醒美国学生:"同学们!如果你们做作业需要用维基查询资料,请赶紧完成。维基百科周三将因为抵制恶法而关闭!"

PIPA即《保护版权法》,是美国参院法案,目的是"通过打击侵犯美国知识产权行为而推动市场繁荣、企业家精神和创新"。该法案2011年5月12日由以佛蒙特州民主党参议员莱希为首的12名参议员引入参院立法程序,被参院司法委员会通过,但尚未进入参院表决。SOPA即《禁止网络盗版法》,是美国众院法案,PIPA的众院对应版,意在"防止网上对经济创新和知识产权盗窃的威胁"。法案内容包括让美国司法部可以通过寻求法院传票来关停有盗版内容的网站、阻止相关的付款渠道等，2011年10月26日由得克萨斯州共和党众议员史密斯等13名众议员将其引入众院立法程序。这两个法案包括阻止有关外国网站对于版权的侵犯。由于美国法律无权直接管治这些境外有盗版内容的网站，因此，通过该法案，版权持有者有权要求美国网站切断与侵权网站的链接，要求网站和广告公司停止与侵权网站进行交易，并要求互联网服务供应商通过域名过滤来屏蔽这些网站。如果被上诉公司5天之内不采取行动，将会受到起诉。

此事随后引发轩然大波。11月15日，谷歌、脸谱、推特、雅虎等九家互联网公司联合在《纽约时报》发布整版广告，反对《禁止网络盗版法》和《保护版权法》法案。尽管SOPA的提议者表示已经移除了该法案中的部分关键条款，然而，在美国众议院计划2012年1月下旬对备受争议的《禁止网络盗版法》进行投票之际，维基百科仍率先以关闭服务的形式发起抗议。随后，美国众多互联网企业的数千个网站也纷纷通过暂时关闭服务或打出标语的形式反对该法案，将争议推向高潮。2012年1月19日，美国民众也在纽约民主党议员的办公室前集会抗议，反对法案的表决。

法案的支持者主要来自生产内容的传统文化娱乐出版产业，如电影、电视、唱片公司，图书出版企业和同业公会、有线网络，还包括消费品牌等。他们认为，网络盗版给他们造成每年数十亿美元的损失。据电影协会估计，约13%的成年人通过互联网观看盗版电影或电视制品，使该行业每年蒙受巨额损失。据统计，在网络盗版流行的2010年，音乐业零售收入较上年减少了11%，作为盗版的最大受害者，其商业利益遭到了严重打击。他们向美国国会请求保护，并认为反网络盗版的立法将能够保护知识产权以及就业，强烈要求尽快通过SOPA和PIPA。

反对者多为互联网等新兴公司，还有互联网自由和人权团体等。它们认为，目前的反盗版法案早已脱离了立法起草的初衷，在干涉互联网运转方面走得太远了。这个法案不识时务，把原子时代的版权概念套用在互联网数字时代，势必导致任何开源和分享的内容都可能触犯法律，这将严重阻碍互联网产业的发展和创新，严重破坏美国的竞争力。而且，在该法案下，有了法庭的允许，美国司法部长能够要求搜索引擎、ISP公司、在线广告以及支付公司停止与那些国外的侵犯版权的网站合作，而SOPA对于侵权行为定义模糊，可能会波及到并非有意包含盗版内容链接的网站。如此一来，将滋生大量虚假诉讼。这意味着互联网企业要事前审查内容，极大增加审查成本，还可能面临各种诉讼。这对于美国创业型公司来说，是沉重的负担甚至灭顶之灾。而且，允许网络审查、域名过滤还有可能会对网络访问系统造成干扰，从而引发网络安全问题。任何小小的版权争议都会导致网站的关停，像谷歌、维基百科这样的网站以后将很难生存，这是对互联网行业和用户权利的扼杀。威尔士表示，我们可能会被禁止链接到那些被认为违反了法案的国外网站，而且很显然这样会与美国宪法第一修正案产生深层冲突。美国民众普遍担心这两个法案的通过将导致对互联网的审查达到前所未有的程度，将让网络

波士顿海港,"波士顿倾茶事件"发生地。1773年12月16日,由波士顿"自由之子"所领导的示威者们乔装成印第安人潜入停靠海港的商船,将东印度公司运来的一整船茶叶倾入波士顿湾,以此反抗英国国会于1773年颁布的《茶税法》,拉开了美国独立战争的序幕。

失去言论自由。总之,反对者认为,该法案必须滚蛋,没有存在的理由。

两大利益集团的博弈,一时如烈火烹油,甚至影响到了美国大选。白宫方面发布声明表示,美国总统奥巴马希望好莱坞和硅谷能够就反盗版法案走到一起,共同创建一个保护性系统。

迫于巨大的压力,美国国会对该法案的投票最终被搁置下来。威尔士表示,维基百科在这些活动中的作用是捍卫互联网的自由精神。当然,维基百科也因此俨然成为了互联网的精神象征,博得了更多声名以及捐款。

不同于传统百科全书的编纂者,维基百科的绝大部分编辑都注定不会出现在任何一本历史教科书上。他们大多是些字母、数字拼起来的匿名账号,甚至只是一串IP地址。但维基百科的编辑们编写的却是有史以来最为庞大的一本"百科全书"。如今,维基百科已经取得匪夷所思的成功。它创立了一种全新的知识组织方式，使更多的人贡献智慧，并分享、沐浴知识的甘霖。同时，它以其巨大的影响力，参与到社会层面的政治、政策、立法等话题之中。虽然，它的问题仍然显而易见，对它质疑、批评、唱衰的声音从来也没有停歇。

# 永不停止的接力

　　《不列颠百科全书》在2012年停止纸本印刷后，并未从世界上消失。在时代潮流的推动下，它与过去的自己抗争，与同行者明争暗斗，一步步从书架走向光盘，走向鼠标、屏幕，再到指尖滑动的终端。《不列颠百科全书》的数字化蜕变历时经年，可谓步步惊心。变革从未止步，每一次竞争来临或新的机遇出现，它都会优化前行的方向和路径。一枚鸡蛋，从外打破只能成为别人的盘中餐，从内突破便成为了新生命。

　　如今，它在线上不断成长。它在谷歌上的流量很小，不到1%，和如日中天的维基百科比似乎微不足道。但是，它继续坚守着百科全书的价值内涵。"不列颠百科的体积会变得更小。我们不会纳入每一个卡通人物，我们不会纳入每一个明星的情史。我们是有所抉择的，就是找到那些最重要的事实。不列颠百科无法囊括所有，但是它会一直是真实、正确的。"[①]总裁考兹如是说。

　　"有所抉择的、最重要的、真实的、正确的"，正是

---

[①]Jorge Cauz. How I do it [J]. Harvard Business Review，2013，3.

不列颠百科的核心价值，无论怎样的时势变局、怎样的载体形态变化，这都是它的底气所在。新业态、新领域的拓展，都以此为依托。2018年，在创立250周年之际，不列颠百科亮出了一份傲人的名单：曾为《不列颠百科全书》撰写过条目，以及如今仍在为它撰写条目的许多一级撰稿人。他们当中有许多诺贝尔奖得主和普利策奖得主，也有总统、总理、奥斯卡奖得主、入选名人堂的体育精英，以及商界和科技界的开拓者。这些各领域最杰出、最睿智的人通过《不列颠百科全书》与世人共同分享了他们的专业知识。这里列出其中的一部分，分类别以"作者－作者所写条目"格式列出。大略浏览，百科全书的价值内涵清晰可辨。

艺术：安塞尔·亚当斯（Ansel Adams）－摄影艺术；爱德华·韦斯顿（Edward Weston）－摄影艺术；格伦·洛瑞（Glenn D. Lowry）－现代艺术博物馆；玛里琳·迈克西利（Marilyn McCully）－巴勃罗·毕加索（Pablo Picasso）；佐藤昌三（Shozo Sato）－歌舞伎；温迪·贝克特修女（Sister Wendy Beckett）－看艺术的艺术。

政府与政治：巴里·戈德华特（Barry Goldwater）－保守主义；罗素－假新闻和政府宣传；约翰·肯尼迪－奥利弗·埃尔斯沃思（Oliver Ellsworth）；林登·约翰逊（Lyndon B. Johnson）－萨姆·雷本（Sam Rayburn）；麦克斯·勒纳（Max Lerner）－自由主义；克鲁泡特金－无政府主义；艾伦·泰勒（A. J. P. Taylor）－奥托·冯·俾斯麦（Otto von Bismarck）；斯温伯恩－苏格兰女王玛丽一世（Mary Queen of Scots）；查尔斯·休斯（Charles Evans

Hughes）－门罗主义；大卫·本－古里昂（David Ben-Gurion）－西奥多·赫茨尔（Theodor Herzl）；雅克·巴尔赞（Jacques Barzun）－历史；约瑟夫·埃利斯（Joseph J. Ellis）－美国开国元勋们；托洛茨基－弗拉基米尔·伊里奇·列宁（Vladimir Ilyich Lenin）；迈克尔·贝伦鲍姆（Michael Berenbaum）－为什么奥斯维辛没有受到轰炸；宋达能男爵（Stewart Sutherland）－苏格兰启蒙运动；托马斯·扬（Thomas Young）－罗塞塔石碑。

文学与语言：安东尼·伯吉斯（Anthony Burgess）－小说；布鲁斯·斯特林（Bruce Sterling）－科幻小说；埃尔文·怀特（Irwin Brooks White）－哈罗德·罗斯（Harold Ross）；切斯特顿－查尔斯·狄更斯（Charles Dickens）；亨利·孟肯（Henry Louis Mencken）－美国主义；霍华德·尼梅罗夫（Howard Nemerov）－诗歌；艾萨克·辛格（Isaac Bashevis Singer）－犹太艺术和文学；麦考利－约翰逊；托马斯·德·昆西（Thomas De Quincey）－塞缪尔·泰勒·柯勒律治（Samuel Taylor Coleridge）；司各特－骑士气概；威廉·杜波依斯（William E. B. Du Bois）－"黑人文学"；罗塞蒂－珀西·雪莱（Percy Bysshe Shelley）。

哲学与数学：怀特海－数学；罗素－相对论的哲学产物；查尔斯·金斯莱（Charles Kingsley）－希帕提娅谋杀案；伊恩·斯图尔特（Ian Stewart）－数字象征主义；托马斯·内格尔（Thomas Nagel）－伯纳德·威廉姆斯（Bernard Williams）和伦理道德。

科学技术：亚当·里斯（Adam Riess）－暗能量；

载舟之水也覆舟。造船人专心致志以保证乘客安全。百科全书编纂者、编辑者又何尝不是如此？知识浩如大海，内容堪比汪洋，百科全书以科学的框架合理集成知识，以精准尺度保证知识准确，凝结了一代代编纂者和编辑者的智慧和心血。

爱因斯坦－时空；阿道司·赫胥黎－太空旅行；亚历山大·弗莱明（Alexander Fleming）－防腐剂；布莱恩·葛林（Brian Greene）－弦理论；查尔斯·凯特琳（Charles F. Kettering）－汽车；查尔斯·里克特（Charles F.

Richter）－地震；弗朗西斯·克里克（Francis Crick）－生物复杂性；弗朗西斯科·何塞·阿亚拉（Francisco José Ayala）－智能设计；福特－批量生产；艾维·蒂斯与内森·迈尔沃德（Hervé This & Nathan Myhrvold）－分子烹饪学；詹姆斯·瓦特－蒸汽机；约翰·赫歇尔（John F. W. Herschel）－望远镜；约翰·莱斯利（John Leslie）－气压计；朱利安·赫胥黎（Julian Huxley）－演化；李·艾科卡（Lee Iacocca）－沃尔特·克莱斯勒（Walter P. Chrysler）；开尔文勋爵－热力学；玛丽·居里（Marie Curie）－镭；加来道雄（Michio Kaku）－爱因斯坦；尼尔·德·格拉斯·泰森（Neil de Grasse Tyson）－将科学带给大众；奥维尔·莱特（Orville Wright）－威尔伯·莱特（Wilbur Wright）；彼得·罗格特（Peter Mark Roget）－颅检查术；托马斯·赫胥黎－生物学；弗拉基米尔·佐利金（Vladimir Zworykin）－电视。

社会、文化和自我：阿莱利亚·邦德斯（A'Lelia Bundles）－查尔斯·约瑟夫·沃克夫人（Madam C. J. Walker）；查尔斯·迈克尔·施瓦布（Charles M. Schwab）－劳资关系和谐；乔治·斯蒂格勒（George J. Stigler）－价格体系；约翰·胡佛（J. Edgar Hoover）－联邦调查局；詹姆斯·弗雷泽（James Frazer）－图腾主义和禁忌；詹姆斯·穆勒（James Mill）－教育；洛伦·埃塞利（Loren Eiseley）－我们为什么在这里；玛格丽特·米德（Margaret Mead）－狼孩；罗伯特·贝登堡（Robert Baden-Powell）－童子军；罗伯特·哈钦斯（Robert Maynard Hutchins）－伟大的书籍和自由教育；弗洛伊德－精神分析；马尔萨斯－人口控制。

电影、娱乐和流行文化：阿尔·科珀（Al Kooper）-鲍勃·迪伦（Bob Dylan）；希区柯克-电影导演；塞西尔·德米尔（Cecil B. De Mille）-电影表演和导演；欧文·华莱士（Irving Wallace）-费尼尔司·泰勒·巴纳姆（P. T. Barnum）；约翰·塞尔斯（John Sayles）-约翰·福特（John Ford）；李·斯特拉斯伯格（Lee Strasberg）-表演；莉莲·吉什（Lillian Gish）-默片；朗·钱尼（Lon Chaney）-电影化妆；马丁·刘易斯（Martin Lewis）-披头士狂热；里基·杰伊（Ricky Jay）-魔术；罗杰·伊伯特（Roger Ebert）-故事片的未来；蒂娜·布朗（Tina Brown）-戴安娜王妃（Princess Diana）。

运动与娱乐：阿诺德·帕尔默（Arnold Palmer）-大师锦标赛；巴纳比·康拉德（Barnaby Conrad）-斗牛；克里斯·埃弗特（Chris Evert）-美国公开赛；柯林·蒙哥马利（Colin Montgomerie）-英国公开赛；艾略特·阿西诺夫（Eliot Asinof）-无鞋乔·杰克森（Shoeless Joe Jackson）；吉恩·坦尼（Gene Tunney）-拳击；哈罗德·亚伯拉罕斯（Harold Maurice Abrahams）-奥林匹克；伊雷内·卡斯尔（Irene Castle）-交谊舞；杰克·尼克劳斯（Jack Nicklaus）-美国公开赛；詹姆斯·奈史密斯（James Naismith）-篮球；卡里姆·阿卜杜勒-贾巴尔（Kareem Abdul-Jabbar）-纽约人（球队）；斯科特·汉密尔顿（Scott Hamilton）-花样滑冰；苏珊·布彻（Susan Butcher）-艾迪塔罗德狗拉雪橇比赛；丹增·诺盖和斯蒂芬·维纳布尔斯（Tenzing Norgay&

Stephen Venables）－攀登珠穆朗玛峰；托尼·霍克（Tony Hawk）－滑板运动；托拉·布莱特（Torah Bright）－单板滑雪；沃尔特·坎普（Walter Camp）－足球。

战争与和平：阿尔·卡普（Al Capp）－战时漫画；布鲁诺·贝特兰（Bruno Bettelheim）－纳粹集中营；埃莉诺·罗斯福（Eleanor Roosevelt）－富兰克林·罗斯福（Franklin Delano Roosevelt）；乔治·马歇尔（George C. Marshall）－第二次世界大战的真正代价；詹姆斯·麦克弗森（James McPherson）－内战士兵；约翰·基甘（John Keegan）－诺曼底登陆；梅里德·麦奎尔（Máiread Maguire）－和平的人民；托马斯·劳伦斯（Thomas E. Lawrence）－游击战。

世界场景（舞台）：穆罕默德·安瓦尔·萨达特（Anwar Sadat）－埃及与中东和平；比尔·克林顿（Bill Clinton）－代顿协议；德斯蒙德·图图（Desmond Tutu）－真相与和解委员会；英迪拉·甘地（Indira Gandhi）－全球化的理解；吉米·卡特（Jimmy Carter）－戴维营协议；泰德·特纳（Ted Turner）－联合国基金会；威廉·布莱克摩尔（William Blakemore）－圣约翰·保罗二世（St. John Paul Ⅱ）。

名单的另一部分，汇集了世界各国著名作家、学者和焦点人物对现状（今天的问题）的见解和对未来的预测，内容精彩纷呈，引人入胜。下面列出部分其所汇集的备受关注的话题和撰写人，分类别，以"文章名/作者名"格式列出。

全球政治：独自一人不是一种选择/詹姆斯·艾迪

生·贝克三世（James A. Baker, III）；安全是好的，和解更好/大主教贾斯汀·韦尔比（Archbishop Justin Welby）；走向无地雷世界/乔迪·威廉斯（Jody Williams）。

数字生活：网络欺凌/莫妮卡·莱温斯基（Monica Lewinsky）；印刷工息止安所（Typographic Man, R. I. P.）/刘易斯·拉普汉（Lewis Lapham）；多任务处理：让我们驯服（不要杀死）野兽/霍华德·莱恩格尔德（Howard Rheingold）。

文化和艺术：电影保存———一种恐怖需求/马丁·斯科塞斯（Martin Scorsese）；种族刻板印象：歌剧的新面孔？/乔治·雪利（George Shirley）；艺术博物馆及其数字化未来/格伦·洛瑞（Glenn D. Lowry）；以人为本（非技术驱动）设计/唐·诺曼（Don Norman）。

教育与技术：教育仍然是"巨大的均衡器"/阿恩·邓肯（Arne Duncan）；笔记本电脑与学习/戴维·科尔（David Cole）；教育技术挑战/贝茜·科科伦（Betsy Corcoran）；非数字能补充我们的数字教室吗？/马克·鲍尔莱因（Mark Bauerlein）。

人工智能与未来：担忧人（而不是机器）的智力/加里·卡斯帕罗夫（Garry Kasparov）；无人机，战争，以及和平/乔治·吉图斯（George Gittoes）；杀手机器人：战争的未来？/托比·沃尔什（Toby Walsh）；非生物男人：他比你想象的更近/雷·库兹韦尔（Ray Kurzweil）；富足与失业：我们的未来/彼得·戴曼迪斯（Peter Diamandis）；"机器人时刻"/雪莉·特克（Sherry Turkle）；我们的无意识未来/尤瓦尔·赫拉利（Yuval Noah Harari）；对未来派思维的需要/朱莉·斯蒂尔（Julie Friedman Steele）。

科学与生存：星际迷航和我们的核世界/劳伦斯·克劳斯（Lawrence Krauss）；谦卑：如何拯救地球/比尔·麦克基本（Bill McKibben）；大灭绝/爱德华·威尔森（Edward O. Wilson）；让科学成为我们的路标/伊丽莎白·布莱克本（Elizabeth H. Blackburn）。

我们如何生活和治理：希望的纪念碑，对一个被毒害的过去的纪念/亨利·盖茨（Henry Louis Gates）；我们诅咒你的记忆！同盟（南方）雕像争议/沙迪·巴奇-齐默尔（Shadi Bartsch-Zimmer）；我们未来的生态城市：超越汽车依赖/杰夫·肯沃西（Jeff Kenworthy）；第四次工业革命/克劳斯·施瓦布（Klaus Schwab）；使美国最高法院民主化/拉里·约瑟夫·萨巴托（Larry J. Sabato）；拯救穆罕默德·阿里失去的遗产/托马斯·豪瑟（Thomas Hauser）。

浏览这份清单，贤达智士的思想精华、人类文明的春华秋实纷至沓来；经典之声，字字珠玑。这也是为什么线上不列颠百科坚定的拥趸依然是学者、研究人员、教育工作者，以及政府机构、研究机构、学校等的原因；这也是为什么维基百科在质量上不断对标的是不列颠百科，志愿者在编辑维基百科条目的过程中，进行注释和引用时的一个重要来源便是已进入公版的《不列颠百科全书》第9版等版本，因为这可以提升维基百科的可信度。从这个角度也可以讲，不列颠百科并非衰微，而是化身于无形，融入维基百科，走向更为广阔的世界，拥有了更加博大而长久的生命力。

维基百科则任由且鼓励体量的无限伸展，其内容包罗万象。除了亚里士多德、电、大宪章、美国内战、阿波罗计划等各学科和门类的常规知识，还包括许多偏门旁类"知识"，从"波士顿蜜糖惨案"到加拿大犀牛党，从比尔·盖茨的家到仅仅持续了45分钟的英桑战争，从冰岛的伊斯兰教概况到第一只环游澳大利亚的猫科动物。还有连环杀人魔、神秘传说、灵异事件、超自然现象，从黑眼小孩到麦斯电视信号侵扰事件，从薄雾环绕的弗拉特伍兹怪物到食人肉的温迪卡……很显然，传统精英的百科全书永远不会涉及这样的条目。

维基百科的旗帜是人民的百科、人人可编辑的百科，其条目创建大都基于个人兴趣，许多条目都是非常个性化的，并非为了满足大多数人的需要。实际上，大部分个体对于知识的需求在许多方面都是个性化的，对一些特殊的知识、非主流的知识，人们往往更感兴趣。传统的百科全书难以满足这种需求，维基百科为这些个性化条目的供与求搭建了一个通畅的平台。它的用户包括酒吧里打赌的人、写论文的高中学生、对竞选对手刨根问底的人，以及所有想搞清楚威斯特伐利亚和约是怎么回事、抵押贷款支持证券是什么时候发明的、林戈·斯塔尔（Ringo Starr）替换谁成为了甲壳虫乐队的鼓手等问题的人。

美国《连线》杂志主编克里斯·安德森（Chris Anderson）在他的《长尾理论》一书中指出，非主流的、个性化的产品需求，虽然是需求的尾巴，但是，它们积累起来，也能产生与畅销品一样的销售业绩。安德森将

天工斧成自然奇观：阳光从峡谷顶部射入，山体纹层沿岩壁流淌，如同万年前的波涛被定格，色泽绚丽，流金溢彩。人类造就文化妙景：百科全书定格一代又一代贤达智士的思想精华，珠串人类文明的春华秋实，知识宝库，魅力无穷。符冰摄影。

维基百科列入十大长尾理论成功案例之一：维基百科有"凯撒大帝、第二次世界大战、统计学"这样的常规条目，然而更吸引人的是它特有的"长尾条目"，比如"凯撒密码、第二次世界大战士兵吃的午餐肉"等。在后一部分中，维基百科彻底超越了不列颠百科。维基百科可以针对用户个性化的需求来进行知识生产，其中大量的非主流条目能够满足同样大量的用户需求。

这个把世界上的知识全部记录下来、由志愿人员创造和管理、听起来像是一个乌托邦式的社会试验，改变了知识生产和传播的方式，同时似乎在稳健地向"百科全书"这个目标前进。在快速发展的过程中，它制订相应规则，推出系列措施规范、提高条目的准确性与权威性。它制定条目质量标准，进行特色条目的评选，采用"专题"方式为某一特定领域范围内的条目提供撰写模板，实行"条目质量提升计划"，即通过投票方式定期挑选出需要提升质量的条目放置在主页的显著位置，确定条目的框架与提纲，在规定的期限内完成更新。它开发系列工具如"客观修订评估服务"，让编辑们便捷地查看条目的修改历史，轻松点击便能删改之前不合格的修改内容。维基百科引用不列颠百科以及和大英博物馆、美国国家档案馆等专业机构合作，进一步提升条目的准确性。威尔士向全体维基百科人发出号召："尽管我们一直以达到或超过《不列颠百科全书》的质量为目标，我们都知道这还没有实现，我们应该继续将关注重点从数量增长转向质量提升。"维基百科不同于印刷版或者不列颠百科在线的特别之处，还在于它的"自我批评主义"。诸如"本文的客观性仍有争议""本文需要附加引用来证实，请增加可靠引文来帮助提高本文质量，未表明来源的材料有可能遭受质询或被移除"等。

麻省理工学院的希尔（B. M. Hill）在他的专题研究文章中写道：一般人很想说，"我们现在上网了，就要做与前人非常不同的事"，不过如果那样，很多撰稿人就会不清楚写什么。维基百科没有那样做，条目虽然是全新的百科全书写作方式的产物，读起来却像传统的《不列颠百科全书》。

曾供职于维基媒体基金会的明尼苏达大学研究生亚伦·哈尔法克（Aaron Halfaker）与其他大学研究人员在研究中分析了维基百科的公共活动记录，研究结果用数据描绘，结果显示维基百科似乎成为了一个受官僚主义统治的网络社区。2007年新管控措施开始实施以来，新参与者编辑的条目被迅速删除的概率上升。同期，被自动化工具删除的编辑条目比例也呈现增长。研究人员在论文中不无揶揄地建议，维基百科应该更新它的格言，从过去的"任何人都能够编辑的百科全书"，改为"任何理解标准规范、善于社交、能绕开冷冰冰的半自动化驳回城墙而仍想要自愿贡献自己的时间和精力的人都能够编辑的百科全书"。

根据《MIT科技评论》的数据，在最重要的英语版维基百科上，2008 年以来编辑用户下降了近40%；提拔管理员的速度也大大下降了。如今，维基百科越来越封闭。这个可能是互联网史上最早取得成功的"社交网站"，在大众眼里已经跟"社交"没什么关系了。研究者认为，维基百科的条目编辑权变得越来越集中，整个模式逐渐演变成一群专业志愿者编写、"同行评议"，而大部分公众只是"围观"。某种程度上，它有点像传统百科或者像威尔士和桑格当年所创的"新百科"了。

　　它从最初的粗放、无序，发展到逐步建立、完善整套规则，强调知识生产必须在编辑指导原则和技术系统控制下进行，以提升质量，塑造品牌美誉度。单就对质量越来越强烈的愿望，以及越来越繁复的管理这一点，它与不列颠百科似有"殊途同归"之感。这也说明，即便是在无所不能的网络环境，人人可以自由编撰的开放状态下，编辑方针、规则、质量等仍是根本大法，统管全局。这说明人类社会的知识生产、知识服务，有着自身的内在规律，有着人类共识的标准，不会因时代环境、技术水平、呈现形式的改变而改变。换言之，无论如何创新，质量标准、质量规则和质量规律，是知识生产、知识服务始终必须遵循的。

　　今天的维基百科，纵然仍然存在质量、偏见、水军等问题，但谷歌搜索引擎将维基百科的内容放入信息栏来响应搜索请求，苹果的Siri用它来回答问题的时候，那些信息都被视作可靠内容。而大部分免费互联网项目预装的服务里，也一定会包含维基百科，在全球访问量前十位网站中维基百科居于第五。毕竟这是人们目前能想到、能获得的可靠，尤其是便捷的知识来源。这让它的流量增长看起来潜力无穷。

　　维基百科社区创造出了人类文明史上独有的系统和资源，证明了它可媲美甚至可摧毁百科全书的传统编撰方式。更重要的是，经过维基百科的发扬光大，"维基"技术已成互联网世界里组织、共享信息的常用手段。在中国，就衍生了百度百科、互动百科等。在Adobe、亚马

拱门公园著名的"指环拱门"。岩石在一片汪洋中隆起、挤压、变形，经历亿万年风雨侵蚀，成为今天奇异瑰丽的特殊地貌。人类文明的进程亦历经曲折、开辟鸿蒙、奋勇向前。包括百科全书在内的人类文明成果，蔚为壮观，星光闪耀。符冰摄影。

逊、微软以及英特尔这些大公司里，都组建起了内部维基系统，供员工上传、查询公司文件和内部信息。此外，在各个垂直领域也出现了大量维基社区。早在 2003 年，受维基百科启发，维客旅行上线。这个使用维基技术，所有人都能参与编辑的旅行指南，就像是维基百科在旅行领域的专业版（但它和维基媒体基金会没有关系）。类似的还有2004年上线的维基农场（Wikia），它免费为网友提供维基站点搭建服务，并靠广告盈利。十多年来，维基农场集结了大量专业领域的"维基百科"，比较著名的就有《星球大战百科全书》《魔兽世界百科全书》，以及《冰与火之歌维基》等。虽说其整体影响力远不及真正的维基百科，但这些更垂直的维基社区却体现出了相当强大的凝聚力。

当不列颠百科全书公司宣布要停止纸质出版物时，有很多记者采访维基百科，认为是维基百科扼杀了不列颠百科。威尔士则认为，不是维基百科打败了不列颠百科，"只是当技术环境有了根本变化时，维基百科不希望知识就此消失，而是希望利用技术，更好地传播知识"①。

毋庸置疑，在未来的某一天，维基百科也会老去，但它启迪世人，开放而高效率的信息组织创新将成为人类文明的宝贵财富。

2020年，不列颠百科251岁，沉稳自重、宝刀不老；维基百科年方19岁，风华正茂，如日中天。它们的发展历程，似乎充满了各种悖论：传统和现代、保守和进步、错误和权威、自由和规则、有偿和公益、民主化和编辑权……世事纷纷扰扰，它们活出了今天的模样。

悖论这个词，人们常理解为不合理、不一致，其实，悖论的英文是paradox，由两部分组成，前缀para是并行之意，后面的dox是真相、真理之意，合起来即两种相反的真相并行在一起。不同甚至相反的真相并行在一起，这就是真实世界的常态。矛盾是事物及其运行的普遍规律，事物发展是矛盾同一性与斗争性紧密结合、共同推动的结果。旧的矛盾解决了，新的矛盾又出现，意味着新的发展又开始了。百科全书的进步如此，人类文明的进步亦如此。

百科全书自问世以来，一直试图向一切人介绍一切事物。由于它涉及古今中外、天文地理、文学艺术、科学技术，包罗万象、巨细无遗，可存佚、启蒙、解疑、释惑、急就、自学，所以康有为称百科全书为"金玉渊海"之

---

① Jimmy Wales. Speech on Wikipedia, TED Speech, 2013.

书,世人亦称其万宝全书,没有围墙的大学。百科全书不仅代表了一个群体、一个国家、一个时代的知识水平,而且体现了一个群体、一个国家、一个时代理解世界、把握世界的认识水平。从这个意义上说,百科全书既是知识总汇,又是思想标高。其知识传播、文化积累、对人类社会的巨大影响显而易见。

古今中外、各国各代,百科全书的编纂均为至关重要的事务。

在西方,古希腊柏拉图和他的学生亚里士多德被认为是西方百科全书的始祖,他们通过讲学记述了当时已有的全面知识。从那时算起,百科全书至今已有2 000多年历史,各个时代的经典范本可圈可点。如:古罗马瓦洛编写的《学科要义九书》和《圣俗事物古迹》,罗马时期老普林尼的《博物志》(分类的知识选集,传世达1 500年之久),中世纪前期英克拉斯编著的《世界宝鉴》,中世纪文岑编的《大宝鉴》(全书近万章,共80卷,是18世纪前期篇幅最大的一部百科全书),1559年德国编纂家萨克雷德的《百科全书》(首次用此词作为书名),17—18世纪培根的《伟大的复兴》(为百科全书提供了一种新的、合理的知识分类体系,对百科全书的编纂影响极大),英国哈里斯编的《技术词典》,钱伯斯编的《钱伯斯百科全书》(创立参见系统),狄德罗和达朗贝尔主编的法国《百科全书》(该书第1版第1卷出版后受到教会指责和官方非难,但却得到民间支持;其历史贡献是适应了法国日益高涨的革命精神,点燃人们的思想火花),《不列颠百科全书》,《布洛克豪斯社交词典》(1796—

布拉格天文钟，也称
布拉格占星时钟。建
于1410年，上面的钟
一天绕行一圈，下面
的一年绕行一圈，每
天整点报时，至今走
时准确。市民和游客
经过钟楼，都会停下
脚步，校对手表时间。
钟鸣时上方小窗开启，
十二尊耶稣门徒像依
次现身。

1811，成为西方世界后来出版的至少半数百科全书之
典范)，法国《拉鲁斯百科全书》,《苏联大百科全书》
(1926—1947年初版)，《美国百科全书》(采取连续

修订体制），西班牙《插图欧美大百科全书》（1905—1970，主体部分80卷），《意大利百科全书》（1929—1939，素以插图精美和学术性著称）。进入20世纪后，出版百科全书的西方国家除了美、英、法、意、德外，还有保加利亚、捷克斯洛伐克、丹麦、芬兰、希腊、匈牙利、荷兰、挪威、波兰、罗马尼亚、瑞典、土耳其和南斯拉夫等。

在东方，中国编撰百科全书性质的类书有近2 000年的历史。中国第一部著名的类书是公元220年由魏文帝主持编撰的《皇览》，现已散佚。后来编撰的著名类书还有杜公瞻编的《编珠》、欧阳询编撰的《艺文类聚》100卷、虞世南所编《北堂书钞》、徐坚等编《初学记》。宋朝李昉奉宋太宗命组织编修《太平御览》，后来经重修改用活字版印刷。《册府元龟》（约1013）篇幅之大几与《太平御览》相当。南宋学者王应麟于1267年编撰的《玉海》，是一部重要的百科著作，1738年重印，共240卷。明初编成的《永乐大典》，是"有史以来至20世纪世界上最大的百科全书"。全书22 937卷，可惜大部分都已散佚，残存不足千卷。明代王圻父子所辑《三才图会》有106卷。清康熙年间奉敕修撰《佩文韵府》及其补篇《韵府拾遗》。其他敕撰的类书还有《骈字类编》和《子史菁华》。1726年陈梦雷等编的洋洋巨篇《古今图书集成》10 000卷，试图包罗中国的全部文化遗产。清代的其他类书还有：汪汲的《事物原会》（1796）、陆凤藻的《小知录》（1804）、陈炜的《经传绎义》（1804）、王承烈的《齐名记数》（1806）、戴兆春的《四书五经类典集成》

（1887）、魏崧的《壹事记始》（1888）、刘可毅的《九通通》（1902）。中国第一部现代百科词典是民国初年陆尔奎主编的《辞源》（1915）。中国第一部真正现代意义的综合性百科全书是《中国大百科全书》，1978—1993年第1版问世，2009年推出第2版，2009年启动第3版，网络版、纸版同步在制中。日本自德川时代已出现受中国影响的类书，其现代类型的百科全书出现于1926年以后。主要有：《大百科事典》（1931—1935初版）、《国民百科大辞典》（1934—1937初版）和《世界大百科事典》（1955—1968初版），以及1972年开始出版的日文版《不列颠国际大百科事典》等。

综观世界，百科全书种类除了综合性百科全书，18世纪开始出现专业性百科全书，19世纪中叶出现了少年儿童百科全书，19世纪末出现了国家与地区百科全书。至20世纪，世界各国都有了类目繁多的百科全书。现在的中国，针对各专业领域、针对不同人群的百科全书的编纂方兴未艾。

2 000多年来，与时代和需求相呼应，百科全书的载体和知识组织方式也持续处于变化之中。其载体从莎草纸、羊皮纸、印刷纸到光盘、网络，从铅与火到光与电、数与网，历经一次次蜕变。进入21世纪后，在世界范围内，网络百科已成为百科全书的主流。知识的组织方式上，从起源至中世纪前期，百科全书基本上类似教科书，内容的编排方式主要采取原始知识分类体系，且整部书由一人完成。中世纪后期，培根创建了科学的分类法，随着知识大量增加，百科全书在内容编排上大都开始接受培根的影响，编写方式上也由单一编者或作者变为单一编者与多作者的合作。进入近现代，知识大量出现，增速越来越快，百科全书的工具书功能凸显，内容上引入词典的字母顺序编排方式，编撰者也大大扩充了，《不列颠百科全书》第14版的作者有4 000多人，《中国大百科全书》第1版则达到26 000多人。进入知识爆炸的21世纪后，网络百科全书迅速崛起，全民参与、人人可编辑的维基百科，理论上讲其作者就多到难计其数了。百科全书不断演化，如今不仅知识传播更加广泛而深入，而且还创造了全新的知识生产、组织、传播、服务、管理模式，惠及知识时代的各个领域、行业和人群。

不列颠百科和维基百科在21世纪之交相遇，在曾经的对峙中，在世界范围内标志性地完成了百科全书从传统纸介到新媒体的跨越，开创了数字化、网络化、智能化的新型百科全书时代。现在，人们总喜欢列出数据进行对比，试图分出它们的优劣高低、是否正当年还是已过气。但其实，它们的全面影响最终是无法以具体数字估量的，即便是现在排名稳居互联网网站访问量第5、世界百科中条目数和点击量绝对老大的维基百科，也终会有老去的一天。新生代百科亦将出现。百科全书，作为参考资料，学习的火花，渴望的象征，不断发展的知识的记录器以及不断变化的时代的一面镜子，它非同寻常的历史、社会和文化价值显而易见。它是人类文明的璀璨硕果，是历史长河中一个个耀眼的文化坐标。同时，在它兴衰更迭、奋力创新的旅程中，那些好的经验

面对茫茫无际的知识海洋，人类没有望洋兴叹，而是与时俱进，以各种媒介形式的百科全书将知识收纳、整理、呈现，方便人们查阅、学习。

或糟糕的问题，给予人们的启示，亦弥足珍贵。

百科全书，文化使者，在人类文明递进的长跑中，永不落幕，因时相传。

# 附录

## 《不列颠百科全书》中译始末

# 一拍即合

　　1978年12月16日，延续7年，一直处在高度保密状态下进行的中美建交谈判有了结果。两国于1979年1月1日起互相承认并建立外交关系的消息突然公布，立即成为轰动世界的第一号新闻。

　　两国关系迎来重大转折，宣告中美终于结束了近30年的相互敌视与对抗，历史翻开了新的篇章。1979年1月28日，应美国政府邀请，中国国务院副总理邓小平正式访问美国。29日，邓小平在白宫南草坪卡特总统举行的欢迎仪式上讲到："中美关系正常化的意义远远超出两国关系的范围，中美关系正处在一个新的起点，世界形势也经历着一个新的转折。"访问取得了巨大成功，实现了两国外交关系正常化，形成了中美在维护和平和发展经济这两大方面展开合作的新格局。

　　20世纪70年代末，中国实现全面对外开放的大势形成。邓小平在中美建交当月就访问美国，他说开放首先要对美国开放，寓意深刻。他去美国、日本考察，极力主张文化交流，引进一切有利于中国现代化建设的文化、科技知识。

南非好望角，太平洋和大西洋在此交汇。急浪冲刷峭崖，犹如各种文化思想的冲撞，迸发无穷的想象力。

　　美国不列颠百科全书公司（Encyclopædia Britannica，简称EB）多年来一直寻求在人口最多的中国出版《不列颠百科全书》（又译《大英百科全书》）中文版，此时通过各种途径积极主动与中国大百科全书出版社（Encyclopaedia of China Publishing House，简称EC）联系。

　　《不列颠百科全书》一向以浓厚的学术气氛、百科全书的世界权威地位，以及拥有200多年先后出版15版的历史而著称。1768—1771年，苏格兰雕刻家贝尔、印刷商人麦克法卡尔和博物学家斯梅利共同创编了这套影响后世深远的百科全书，共3卷，由爱丁堡大学印行。1875—1889年第9版问世，史称"学者版"，当时英国人认为其权威性"仅次于上帝"。19世纪末，美国出版商和该书出版者签订合同，在美国翻印第9版，《不列颠百科全书》在美国的销量超过英国。20世纪初始，由英、美双方人士合编，美国人开始掌握版权。1941年全部版权转让美国芝加哥大学。在企业界巨子伍德、出版商本顿、芝加哥大学校长哈钦斯和教育家艾德勒执掌下，《不列颠百科全书》进入发展的黄金时代。200多年中，随着知识的发展，第15版已扩大至全套32册，80 000多个条目，超过4 400万字，24 000幅插图，内容涵盖人文科学、社会科学、自然科学和工程技术，遍销世界各地。除英文版外，它还有法文、日文、西班牙文、葡萄牙文、土耳其文、希腊文、韩文、匈牙利文和波兰文等多种外文版。

为第15版撰稿的专家、学者达4 200多人，分布于全世界130多个国家，均为各学科各领域权威，堪称豪华国际阵营。曾为历版写过条目、中国人耳熟能详的名人比比皆是："牛痘"条目由牛痘接种法创始人爱德华·詹纳（Edward Jenner）撰写；"政府"条目由英国著名哲学家、历史学家和经济学家密尔撰写；光学方面的条目由以"杨氏干涉实验"和杨-亥姆霍兹三色理论闻名的托马斯·杨撰写；电磁学方面的条目由以毕奥-萨伐尔定律（恒定电流与磁场间关系）闻名的法国物理学家毕奥撰写；人口方面条目由以《人口论》闻名的经济学家马尔萨斯撰写；政治经济学条目由以古典政治经济学著作闻名的李嘉图撰写；进化论条目由以《天演论》（《进化论与伦理学》）闻名的托马斯·赫胥黎撰写；心理分析条目由精神分析的奠基人、奥地利精神病学家弗洛伊德撰写；有关俄国的条目由俄国无政府主义理论家克鲁泡特金撰写；"列宁"条目由"第四国际"的主要缔造者托洛茨基撰写；哲学条目由美国实用主义哲学家约翰·杜威（John Dewey）撰写；"批量生产"条目由汽车大王福特撰写。还有众多诺贝尔奖获得者为《不列颠百科全书》撰写条目，他们中有以相对论闻名的爱因斯坦、法国波兰裔物理学家居里夫人、爱尔兰戏剧家萧伯纳、英国哲学家罗素、英国化学家汉斯·克雷布斯（Hans Adolf Krebs）、英国生理学家约翰·麦克劳德（John James Rickard Macleod）、英国经济学家诺曼·安吉尔（Norman Angell）、美国陆军上将乔治·马歇尔（George Catlett Marshall）、两次获诺贝尔奖的美国化学家莱纳斯·鲍林（Linus Car Pauling）、核化学家格伦·西博格（Glenn Theodore Seaborg）等。

百科全书泰斗的金字招牌以及200多年的苦心经营，使欧美政界、商界、学界精英成为《不列颠百科全书》的拥趸，《不列颠百科全书》成为人们学习、工作，甚至政务、商业谈判的必备参考。西方许多政要在谈到自己的成长经历时，往往会提及《不列颠百科全书》。比尔·盖茨早年便养成了查阅不列颠百科的习惯。他在

1995年出版的《未来之路》（*The Road Ahead*）一书中屡次提及，称"是《不列颠百科全书》令我获得了一切有用的知识"。

19世纪中叶，《不列颠百科全书》传入中国。那时的中国内忧外患，国力衰微，经济颓败，中华民族岌岌可危。一批有识之士开始思考变法图强，主张"向西方学习""师夷长技以制夷""中学为体，西学为用"，学习西学、西艺，发展科技以达到自强、求富的呼声日高。鸦片战争后，西学东渐。随着中国留学生走出国门，以及来华外国人增多，西方百科全书开始为中国知识界精英所知晓、所器重。康有为即称百科全书为"金玉渊海"之书。孙中山1919年著《实业计划》，认为"须于一切大城市中设立大印刷所印刷一切自报纸以至百科全书"①。清同治七年（1868），中国近代化学先驱、翻译家徐寿在江南制造总局内创建翻译馆，先后聘请中外学者近60人翻译西方科技著作。译书方法是西译中述，由西方人士用汉语口译原文意思，再由中国学者记录、整理、润饰成文。开馆的重头之作，即选择了对学科众多、内容广泛的*Encyclopædia Britannica*（第8版）进行翻译，当时译名《泰西大类编》，即今译之《大英百科全书》或《不列颠百科全书》。后因人力、资金等原因，只译出四个大条目，分别作为单行本出版发行，即《代数术》《微积渊源》《营城揭要》《测候丛谈》，将西方近代数学、军事技术、气象学等引入中国。

---

① 孙中山. 实业计划：孙中山选集[M]. 北京：人民出版社，1981：359.

近代科学家徐雪村、华蘅芳、李善兰在江南制造局翻译馆。翻译馆由清末科学家徐寿于1868年创建。开馆的重头之作，即选择了对学科众多、内容广泛的《不列颠百科全书》（第8版）进行翻译。

　　1949年中华人民共和国建立后，不列颠百科全书公司从20世纪60年代末起一直寻求出版中文版百科全书。当时，曾有出版商提出将其引入台湾出版但遭到拒绝，不列颠百科全书公司希望能够与人口最多的中国大陆进行合作。然而，由于中美尚未建交，且中国正处于"文化大革命"中，一切无从谈起。

　　中美建交，邓小平访美，时机似乎已水到渠成。1979年2月开始，受不列颠百科全书公司副总裁、编委会副主任弗兰克·吉布尼（Frank Gibney）委托，美籍华人、美中贸易委员会翻译服务公司负责人李榴女士，加拿大麦吉尔大学东亚研究所主任、华裔教授林达光先生先后在北京向中国大百科全书出版社总编辑姜椿芳转达了合作出版的愿望。自此双方开始了频繁的接触。

　　1979年4月10日，吉布尼致信姜椿芳，详细介绍不列颠百科全书公司并提出合作出版《不列颠百科全书》中文版的建议。4月30日，姜椿芳复信吉布尼，给予了积极的回应。吉布尼还直接向中国驻美大使馆提出中美合作出版不列颠百科的建议。当时任使馆一秘的张文颖后来在1999年第9期《纵横》《国际中文版〈不列颠百科全书〉出版的幕后佚闻》一文中详细记载了双方当时的来往及讨论：

  1978年秋，我奉派到中国驻美联络处负责文化交流工作，不久中美建交，联络处遂改为大使馆。大约在1979年的五六月份，我的一位从事翻译工作的美籍华人朋友李楣女士打电话来，说不列颠百科全书公司的主管想拜会中国使馆负责文化事务的官员。后来，该公司编委会副主席吉布尼先生果然来访了。寒暄后，他单刀直入地说明来意，希望能出版中文版《不列颠百科全书》。《不列颠百科全书》几乎出版了世界上所有大的语种版本，如英、法、日、德、意等版本，唯独没有世界上使用人口最多的中文版，这实在是一个大缺憾。现在中美建交，条件成熟了，很希望能就出版中文版一事与中国商谈合作。此外，《不列颠百科全书》在两个版次之间，每年出一增补本，本年度拟增加的条目中有当今世界上最具影响力的伟大人物之一邓小平先生。希望能采访邓小平先生，以获得最具权威的第一手资料。

  《不列颠百科全书》是众所周知的一部学术巨著。出版中文版当然是好事，但是在国内改革初期，究竟可否合作出版，我们尚无把握，在未请示国内前,使馆亦无法表态。当然,作为外交官,我们不应简单照转,而应具体了解情况并提出初步意见,以供国内参考。因此,当时我仅向吉布尼表明:你们的意思我明白了,但是,我们一方面要向国内报告,另一方面也需要就主要问题进行初步的磋商和交换意见。以后,我与吉布尼又详谈了一次。我提出百科全书中的条目繁多,但基本上可分为:自然科学与技术科学和社会科学与人文科学两大类。前者问题不大,而后者就会出现观点、认识上的分歧,这时,中外编辑双方应如何解决。为了使他深刻了解此点,我举例说,譬如"朝鲜战争"这个条目,恐怕你们的解释和我们的说法不会一致甚至完全相反。既然由中国出中文版,那就必须听取中方的意见。我们不同意的条目释文如何能编进去?这也是一个关键问题。就我看到的原版百科全书中有关中国的条目,如历史、地理、文化、社会、民族等方面,有些是不准确,甚至是错误的,该如何处理? 还有些中国可能认为是颇重要的事件,而百科全书英文版中竟付阙如,应如何解决?

听了我摆出的问题,吉布尼笑了笑说:张先生,我开始真没想到这些问题,你的思考很缜密,看来你对出版事业还是懂行的。好吧,这些问题我也要研究一下。

我们的第三次见面是在华盛顿一家著名的法国餐馆。这次会面,吉布尼说:你提出的几个问题,我们初步商量过了。但是,我还是愿意听听你对这几个问题的解决办法。我说:好,不过我们交谈只是交换意见,如果中国国内同意合作出版中文版,这些意见可供未来的主事者参考。我的初步构想是双方见解不一致的条目,经修改后仍不能达成一致,可以考虑去掉这个条目。因为这对双方来说是无益亦无损的,且可以避免因个别条目争论不休而影响整个进度。涉及中国的条目以中方的资料为准,在解释上应主要考虑中方意见。有些中方认为重要的事物,应增设条目的,可双方讨论决定。当然,有些中方认为无意义的条目,也可以讨论取舍。

吉布尼说:好啊,你的方法很中肯,我表示同意。我还建议,如果合作成为事实,可考虑成立联合编审委员会,具体负责编审和出版事宜。最后他说:还有个重大问题,张先生还没有回答我,那就是采访邓小平先生的事。我说:现在还不行,等下一次见面时,我来回答你。

第四次见面是在过了大约一个月后,地点在使馆。这次是在使馆请示国内,并得到回复之后。我被授权告诉他,中国有关方面已同意不列颠百科全书公司派团访华商谈联合出版中文版《不列颠百科全书》事宜。我并把这个答复正式以文字形式交给吉布尼,还告诉他,他想访华及采访邓小平之事,到北京后会听到好消息的。①

---

① 张文颖. 国际中文版《不列颠百科全书》出版的幕后佚闻 [J]. 纵横,1999,9.

# 邓小平三次会见

　　在国内，中国大百科全书出版社经与吉布尼多次协商并请示国家出版事业管理局后，向吉布尼正式发出访华邀请。1979年11月11日，国家出版事业管理局和外交部共同报告国务院，提出美国不列颠百科全书公司副总裁吉布尼应中国大百科全书出版社邀请来华，定于本月16日到京。

　　吉布尼在动身前即来函，提出不列颠百科全书公司每年的英文、日文《不列颠百科全书年鉴》都会刊登少量享有世界盛名的各国政治家的论文，他请求在来京后访谒邓副主席，希望邓就中国的改革开放、四个现代化发表意见，然后将此谈话记录编为文章，请邓副主席签字后，刊入向全世界发行的《不列颠百科全书年鉴》。出版局和出版社认为，自从邓副主席访美以来，美国各界人士对邓副主席、对中国改革开放和现代化表现出浓厚的兴趣，不列颠百科全书公司此项要求不仅是为了抬高它自己的身价，也确有增进中美了解、推进中美友谊之意，为此，建议邓副主席考虑同意接见，并就我国实行四个现代化宏图发表谈话。

　　1979年11月16日,吉布尼应中国大百科全书出版社
邀请访华。11月26日上午,邓小平在人民大会堂接见吉
布尼、保罗·阿姆斯特朗(Paul Armstrong,不列颠百科
全书公司副总裁)、林达光(加拿大麦吉尔大学东亚研
究所主任)一行。中方陪同接见的有陈翰伯、姜椿芳、
刘尊棋和阎明复。在谈话中,邓小平提到了"文化大革
命"、四个现代化、吸收外国的先进技术和资金、找好
接班人、市场经济等问题。当吉布尼提出美国不列颠百
科全书公司希望和中国大百科全书出版社长期合作、进
行交流,出版《不列颠百科全书》中文版时,邓小平说:
这是个好事情。这也反映了我们的落后,三十几年还没
有搞这些事,现在开始做。当然办这件事也不容易,特
别是中国自己的部分,外国的部分搬你们的就是了,中国
部分可能还有许多议论、争论和一些不同的看法,将来

中国部分自己来写①。

邓小平的讲话一锤定音，充分肯定、支持这项合作，明确指出"外国的部分搬你们的就是了，中国部分自己来写"。当时，"文化大革命"刚刚结束，"左"风还严重存在，人们心有余悸，对这一编辑方针的明确指示，及时消除了政治界、学术界、出版界，特别是中国大百科全书出版社自身普遍存在的疑虑。

正是在这次会谈中，邓小平首次提出了"社会主义也可以搞市场经济"的著名论断。中共中央文献编辑委员会编辑的《邓小平文选》第2卷第231—236页，记录了邓小平会见美国不列颠百科全书公司副总裁吉布尼和加拿大麦吉尔大学东亚研究所主任林达光等谈话的一部分，题目为《社会主义也可以搞市场经济》（1979年11月26日）。摘要如下：

> 吉布尼：我们想，中国这样一个国家多少年来，对美国来说是关闭的，现在是这样高速度实现现代化，真是一个了不起的大挑战，确实像重新开展一场革命似的。

> 邓小平：确实是一场新的大革命。我们革命的目的就是解放生产力，发展生产力，离开了生产力的发展、国家的富强、人民生活的改善，革命就是空的。

> 当然我们不要资本主义，但是我们也不要贫穷的社会主义，我们要发达的、生产力发展的、使国家

---

① 引自国家出版局记录上报的《邓小平副总理接见吉布尼、林达光等外国朋友谈话记录》。

富强的社会主义。我们相信社会主义比资本主义的制度优越。它的优越性应该表现在比资本主义有更好的条件发展社会生产力。这本来是可能的，但过去人们有不同的理解，于是我们发展社会生产力的进程推迟了，特别是耽误了十年。这十多年，正是世界蓬勃发展的时期，世界经济和科技的进步，不是按年来计算，甚至于不是按月来计算，而是按天来计算。

就我们国内来说，什么是中国最大的政治？四个现代化就是中国最大的政治。

吉：美国犯了一个很大的错误，就是看社会主义中国的时候，把它看成和苏联的社会主义是一模一样的。那么中国开始的时候是否确实也有这方面的思想混乱，即完全模仿和学习了苏联社会主义的道路，而不是采取一种中国式的社会主义道路？

邓：中国的社会主义道路与苏联不完全一样，一开始就有区别，中国建国以来就有自己的特点。我们对资本家的社会主义改造，是采取赎买的政策，不是剥夺的政策。所以中国消灭资产阶级，搞社会主义改造，非常顺利，整个国民经济没有受任何影响。毛泽东主席提出的中国形成既有集中又有民主，既有纪律又有自由，既有统一意志又有个人心情舒畅、生动活泼的政治局面，也与苏联不同。但是，我们有些经济制度，特别是企业的管理、企业的组织这些方面，受苏联影响比较大。这些方面资本主义国家先进的经营方法、管理方法、发展

科学的方法,我们社会主义应该继承。在这些方面
我们改革起来还有许多困难。

　　吉:我看到中国人民的积极性正在被调动起来。①

　　无疑,这是一次必将载入史册的会见与谈话。社
会主义也可以搞市场经济,在当时的中国真可谓惊世骇
俗。新中国成立后数十年来人们的观念早已习惯高度集
权,割资本主义尾巴,全面实行公有制经济、计划经济,
将市场经济等同资本主义。不过,这次谈话,当时新华
社只发了个简单的电讯:"……会见时,邓小平副总理同
来自美洲的朋友们进行了友好谈话。"而在国际上,尤其
在美国,它却掀起了持续的热评。

　　吉布尼在谈话后,征得邓小平同意,写了两篇文章,
分别交由美国媒体发表和供《不列颠百科全书年鉴》刊
载。不列颠百科全书公司总裁斯旺森还将文章分送美国
国会议员。

　　一石激起千层浪!国会议员比尔·亚历山大(Bill
Alexander)于1980年2月21日回信给斯旺森说:"我已
读了这两篇文章,它们提供了重要的有用的资料。我非
常关心美中关系,该文证实了我的信念,即中华人民共
和国决心尽快地赶上二十世纪。……我希望美国能在中
国的现代化中发挥重要的作用。"议员约翰·拉福尔赛
(John Laforsy)回信说:"我赞赏《不列颠百科全书年
鉴》刊载邓副总理谈话的文章,因为该文将使许多美国
人有机会深入了解中国领导人的思想。我和副总理曾在

────────────────

①邓小平. 邓小平文选:第2卷[M]. 北京:人民出版社,1995:231.

北京和华盛顿会晤，他的精力、魅力和明智给了我深刻的印象。虽然中美之间存在着许多明显的和根深蒂固的分歧，但我同样抱着副总理改善两国关系的愿望。"①

美国报刊的反应持续至1980年，有的全文刊登，有的用不同标题发表，有的特别指出邓小平在谈话中说过，"过去三十年尽管我们做了一些蠢事，但是我们还是为中国的农业、工业和技术发展打下了一个基础"，和"我们中国人在古代对人类的进步做出过特殊的贡献，但是在近代，我们的贡献太少了"。1980年2月，《洛杉矶时报》刊发两篇文章，文章以《报纸只注意一桩事的倾向》与《中国展现出内部秩序》为题，突出了邓副总理谈话的重要性，说它比阿富汗、伊朗事件更为重要。她认为邓的谈话表示尽管世界上存在着混乱，但他的国家内部是有秩序的，因为中国已超越了过去一段混乱时期，向前运动的坚定性再度起了作用。她还提请人们注意，邓的谈话可算是现在中国的最中肯的说明——"中国正处在中国历史上又一个转折关头"，"革命的目的是解放和发展生产力"②。

中国副总理邓小平被评为1979年的"时代人物"，照片刊于美国《时代》杂志封面。

应不列颠百科全书公司邀请，经国务院批准，以姜椿芳为团长，刘尊棋、阎明复、汤季宏、梁从诫为团员，

① 徐慰曾. 这是个好事情[M]. 北京：中国大百科全书出版社，2004：38.
② 徐慰曾. 这是个好事情[M]. 北京：中国大百科全书出版社，2004：39.

1980年8月，姜椿芳、阎明复、汤季宏、梁从诫等赴美，与不列颠百科全书公司签约。敏感的美国媒体以《惊人的百科全书》为题，对此事进行了报道。

一行五人于1980年8月8日抵达美国，12日，中国大百科全书出版社总编辑姜椿芳与不列颠百科全书公司总裁斯旺森正式签订《中国大百科全书出版社和不列颠百科全书公司关于合作出版〈简明不列颠百科全书〉中文版协议书》。双方合作步入正式运行的轨道。

关于*Encyclopædia Britannica*的中译名，过去有人译为《大英百科全书》，台湾地区亦沿袭了这一译名。而这次中国大百科全书出版社采用的中译名是《不列颠百科全书》。"不列颠"一词，是由中方提出美方同意的。不过，后来社会上不少人提到此书时，都习惯性称"大不列颠""大英"，而且认为它是英国的书。这也难怪，因为英国的正式中译国名中就有"大不列颠"。此书虽然诞生在英国，但20世纪初期后，版权全部转至美国。

不列颠百科全书公司和中国大百科全书出版社的负责人签订出版协议后，联合召开了记者招待会，宣布了

这项协议,并回答了记者的提问。之后美国的新闻媒体就此事进行了连续报道和评论。如:

> 华盛顿讯:一部没有先例的中文版《不列颠百科全书》将在中华人民共和国出版。根据协议,将由中国在4年左右时间内出版一部8卷本百科全书,约800万字,它将以《不列颠百科全书》(第15版简编)为主要蓝本。不列颠百科全书公司总裁斯旺森先生把这个合作项目称为"一项重大的文化成就,标志着中华人民共和国一个重要出版社和一个西方的参考书籍出版公司之间的一次独特的合作。"中国大百科全书出版社总编辑姜椿芳先生说:"中国第一次用百科全书的形式来介绍西方的文化科学知识,这将是中美文化交流中的一个有意义的事件。"目前,在中国还不是世界版权公约签字国的情况下,由一个国营出版社签署的这项协议表明,中国在这类合作项目中将尊重其他国家的权利。

美国女作家盖耶(C. A. Gaye)就中美双方合作出版《简明不列颠百科全书》中文版发表文章,为多家报纸采用,但各家所用标题不同。1980年8月28日《洛杉矶时报》的标题为《惊人的百科全书》,其中写道:

> 这是一次静悄悄的、外表不引人注意的集会,在大都会俱乐部举行的小型鸡尾酒会。一些体形消瘦、表情沉思的中国编辑们非常自然地与举止随意的美国中西部同行聚集在一起。但是这批中国编辑横穿美国之行的目的,真正的意义令人惊奇。

中国的出版是受马克思主义的中国政府领导的,几年以前,这个政府还被认为同美国是敌对的。它的出版观点同《不列颠百科全书》的观点完全不同。

姜椿芳说,这是中国第一次以现代百科全书的形式向她的人民介绍西方文化科学。

当我向中国主编刘尊棋提问,他们将如何处理许多问题上存在的思想意识分歧时,他以同样庄重的态度回答:知识是纯粹的。如果你是诚实的,对于纯粹的知识就不会有思想意识的偏见,就不会发生思想意识的问题。他提出遗传学作为例子。在斯大林时代,著名的李森科学派在俄罗斯处于主宰地位,即使在这方面,也不存在问题。在中国还存在一个有势力的李森科学派,但是百科全书可以将每一个思想派别单纯作为一个学派对待。这是不列颠的处理方法,中国人也可以这样做。分歧当然会发生,在中文版的百科全书中,这些问题可以由一个中、美双方专家组成的委员会来处理。想象得到的一个问题是谁发动了朝鲜战争,中国人的观点是美国人唆使的。如果他们不能取得一致,每一方可以简单地各抒己见,这是解决问题真实性的特别有趣的新方式。

中国编辑们来访这件事,加上承认版权的同样引人注目的突破性协议,在美国的新闻媒体上只是轻描淡写。一般而言,几乎是以打趣或漠不关心的方式,但相反,这是一个特别重要的事件。

1985年9月10日，邓小平第三次接见美国客人和中国大百科全书出版社人员时，姜椿芳将已翻译印制的《简明不列颠百科全书》中文版赠送邓小平。

继1979年11月26日接见后，1980年9月6日，邓小平于人民大会堂福建厅再次会见不列颠百科全书公司访华团。团长为公司总裁斯旺森，团员10人，均为董事会成员，都是在美国政界、实业界、学术和出版界有相当地位的人物。事实上，在中美双方商谈合作期间，由美国政界名人和商界领袖组成的董事会意见并不统一，有一部分人并不赞成合作。他们认为中国是共产党当政的国家，他们对此有看法；还有的人对中国根本不了解，也有人认为此事无利可图。所以对这次来访，中国大百科全书出版社及领导机关国家出版事业管理局、外交部等都非常重视，请他们到中国看看，目的是让他们了解中国改革开放的实际情况。

会见开始时斯旺森对邓小平说，您的工作十分繁忙，您能抽出时间见我们，我感到很荣幸。我给您带来了几份您的文章，我们在世界各地的订户非常欢迎您的文章。同时，我还把您的文章发给美国参众两院的议员，得到了很好的反应，他们都赞扬中国在现代化方面所作的努力。我们已经同贵国的大百科全书出版社建立了新的关系，翻译和出版《不列颠百科全书》，我们很荣幸能同你们进行合作。

邓小平回答说，几乎全世界都知道你们的百科全书在学术领域享有权威性的地位，它对我们实现四个现代化是有用的。我们中国的科学工作者将把你们的百科全书翻译过来，从中得到教益，这是很好的一件事情。他还坦诚地谈及，我们还面临许多问题，还有一些制度和政策需要改进和改革，我们还要如实地告诉我国人民，搞四个现代化并不是轻而易举的事情，有许多困难，只有认识弱点才能克服弱点，只有认识落后才能克服落后。敢于把自己的缺点讲出来是需要勇气的，我们有这个勇气。中国人民实现四个现代化的决心是坚定的，也是有信心的[①]。

合作协议签订后，中美双方500余位学者、专家、编译人员投入工作，1985年9月《简明不列颠百科全书》中文版前三卷发行，吉布尼以及美国学界名流、联合编审委员会美方委员金斯伯等一行六人到北京参加首发式。

1985年9月10日，人民大会堂福建厅，邓小平第三次接见不列颠百科全书公司代表团和中国大百科全书出版社人员，包括吉布尼和夫人、菲格（不列颠百科全书公司副总裁）和夫人、何得乐、王昌庆（不列颠百科全书公司

① 徐慰曾. 这是个好事情[M]. 北京：中国大百科全书出版社，2004：65.

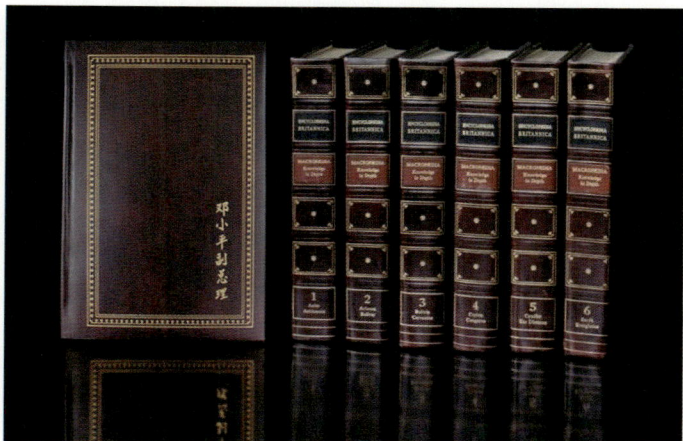

邓小平将不列颠百科全书公司赠送给他的羊皮精装本《不列颠百科全书》转赠中国大百科全书出版社。中国大百科全书出版社图书馆藏。

新加坡发行经理）和美国驻华大使恒安石；中方陪同的有朱穆之、边春光、姜椿芳、刘尊棋等。谈话前，邓小平和全体人员合影。姜椿芳将《简明不列颠百科全书》中文版3卷赠送给邓小平。吉布尼将公司一套特制的精装烫金《不列颠百科全书》（第1版）赠送邓小平。此书编号为第2号，第1号已赠美国卡特总统。后来，邓小平将之转赠中国大百科全书出版社，成为出版社图书馆馆藏珍品。

会谈开始，邓小平说6年前见过吉布尼，吉布尼说的确如此，当时没有人预料到出版合作进行得这样顺利，中国的四化建设会取得这样大的成就。邓小平对这次合作取得的成果表示祝贺。他说这是知识读物，现在搞四化建设缺乏知识，知识不足，应该从多方面取得知识，明年全部出版是很好的事情。在回答中国改革问题时，邓小平说，我们坚持社会主义，我们搞的是真正的社会主义，我们遵行两条最重要的原则，第一，公有经济始终占主体地位；第二，坚持走共同富裕的道路。一部分地区、一部分人先富起来，目的是带动其他地区、其他人富裕，不会导致两极分化。在回答中国搞改革采用一些市场经济的办法会不会改变社会主义制度的性质时，他说，我们的改革不会导致资本主义。美国有些人议论中国不会走资本主义道路，这种判断是高明的，我们欢迎外商到中国投资，允许一些个体经济存在，不会影响走社会主义道路①。

作为中国改革开放的总设计师，邓小平先后三次接见不列颠百科全书公司代表团和中国大百科全书出版社负责人，对双方合作出版《不列颠百科全书》中文版发表意见，并多次阐述中国改革开放涉及的重大理论问题，将中国改革开放的声音，传向美国，传向世界。个中缘由，值得深思。

---

① 徐慰曾. 这是个好事情[M]. 北京：中国大百科全书出版社，
  2004：203.

# 中美联合编审委员会

　　为保证《不列颠百科全书》中文版所有条目符合不列颠百科全书公司和中国大百科全书出版社都能接受的质量和客观性标准，从1980年8月12日签订第一个协议起，双方便共同组建了中美联合编审委员会。协议规定联合编审委员会为《不列颠百科全书》中文版的最高权力机构，由中美双方各派一位主席主持，权利平等，一切关于中文版的重要事项均须经该委员会以协商一致的原则作出决定。

　　美方主席吉布尼。出版人、作家和基金会执行官，不列颠百科全书公司副总裁、编委会副主席。毕业于耶鲁大学，早年研究哲学与苏联问题，曾担任美国约翰逊总统的撰稿人，《时代》杂志记者、副主编，《新闻周刊》高级编辑，纽约《瞭望》杂志发行人、总裁，东京不列颠百科全书公司总裁。吉布尼曾访问过欧、亚、非许多国家，会见过这些国家的领导人。曾长期在日本工作，精通日语，后又习中文。

　　美方成员米歇尔·奥克森伯格（Michel Oksenberg）。教授，政治学家，中国问题专家，卡特政府国家安全委员

1991年5月，中美联合编审委员会第一次会议举行。左起：阎玉华、吉布尼夫人、钱伟长、阎明复、金斯伯、哈德雷、吉布尼、张文华、徐慰曾、周有光、刘尊棋、索乐文。

会中国事务顾问。

美方成员理查德·索罗门（Richard Solomon）。博士，美国兰德公司社会科学部主任，安全问题专家。在尼克松总统和福特总统执政期间，曾供职于白宫国家安全事务委员会。后出任美国国务院东亚和太平洋事务助理国务卿、美国驻菲律宾大使、美国国会和平研究所所长。精通中文。

美方成员诺顿·金斯伯（Norton Ginsborg）。教授，芝加哥大学地理系主任，美国地理学会主席，专长于东亚地理和中国地理。

美方秘书为哈德雷(Hadley)。

中方主席刘尊棋。新闻学家，翻译家。新中国成立前曾任苏联塔斯通讯社北平分社英文翻译和记者，重庆、上海两地美国新闻处中文部主任，上海《联合日报》

《联合日报·晚刊》社长,香港《远东报》主编。1937年征得叶剑英、李克农同意,于国民党中央社任战地记者。1937年9月16日,刘尊棋等三人在延安采访毛泽东,这次谈话后来在《毛泽东选集》上以《和中央社、扫荡报、新民报三记者的谈话》为题,以九问九答的形式保存下来。 这份重要的访谈录在海内外产生了重大影响。这其中就有国人后来耳熟能详、使用频率很高的"人不犯我,我不犯人;人若犯我,我必犯人"。解放后历任中央人民政府新闻总署国际新闻局副局长,英文刊物《人民中国》总编辑,外文出版社副社长兼总编辑,中英文《中国日报》总编辑。著有《美国》和《美国侧面像》等书籍。翻译有《美国通史》《伟大的中国革命》等,领导翻译了《共同纲领》《毛泽东选集》等。"文化大革命"期间,被打为"叛徒""右派"关入湖南境内一座死囚岛。

"文化大革命"结束后,历经坎坷、劫后余生的刘尊棋回京,出任正在组建的中国大百科全书出版社临时领导小组副组长,1981年调任《中国日报》总编辑。

中方成员钱伟长。科学家、教育家。周恩来总理曾说中国的"三钱"是中国科学家的杰出代表,钱伟长即为其一。关于先生的履历,笔者在翻阅他1993年所写《八十自述》时,发现其中谈到他为中国大百科全书出版社工作的情况,特援引部分如下:

> 1913年出生于江苏无锡县七房桥,祖父和叔父均为乡村教师,从小受华夏文化陶冶。幼时多病,发育不良,体格瘦弱。父中年早逝,由四叔钱穆全

力资助上完苏州高中。1931年夏分别考取清华、中央、浙大等五所大学,后进清华,因文史成绩特别优异,陈寅恪教授和当时已在清华任教的钱穆商量,欢迎去历史系。当时"九一八"事变爆发,日本帝国主义占我东三省,为科学救国坚决要求改读物理系。当时数理化基础较差,体格瘦弱,身高仅1.49米,经过四年苦学苦练,于1935年以优异成绩毕业,身高长至1.65米,并考取清华大学物理研究生,获得奖学金,同时投身"一二·九"运动。1939年初到昆明西南联大授课,8月和清华中文系同学孔祥瑛结婚,同时考取第七届留英公费生,因第二次世界大战爆发,交通受阻,于1940年8月改去加拿大多伦多大学,专攻弹性力学。获博士学位后参加加拿大国家研究委员会的研究工作。1942年底转到美国加州理工大学冯·卡门教授主持的喷射推进所工作。任研究工程师,1943～1946年,主要从事火箭的空气动力学计算设计、地球人造卫星的轨道计算研究等，同事有周培源、钱学森、林家翘等人。1945年抗战胜利后，以久离家乡、探亲为名，取得返国权利。回国后到清华大学任机械工程系教授，并在北大、燕京兼课以维持生活，同时参加进步政治活动。解放初任清华副教务长兼校务委员会常委、北京市人民代表。1952年任清华大学教务长。1954～1956年，参加中国自然科学规划。1956～1957年为副校长兼教务长和力学教授。一直担任繁重的教学和行政工作，参加数不尽的政治与社会活动。1957年被错划右派，撤消一切职务，保留教授职称，从一级降为三级。后来，四害已除，奔驰前进，力图夺回久已逝去的美好岁月。1977年8月起，为北京高校教师、研究生、市各研究所科学人员讲《变分法和有限元》，共70讲，举办公开讲座《张量分析》《奇异摄动理论》《穿甲力学》和《广义变分原理》等，共写讲义225万字，都已出版。1978～1992年在中外杂志发表100篇中外文科学论文，多次参加国内外科研交流活动。1980年12月起任中美合作出版的《简明不列颠百科全书》联合编审委员会委员及90年代《不列颠百科全书》（国际中文版）顾问，参加会议10多次，出访美国、香港等地。为实现"四个现代化"、"改革开放"和"农村经济的发展"向全国宣传呼吁，走遍了除台湾省以外的全国各地，提出了难以计数的各种建议。调任上海工业大学校长，积极从事教育改革，提高教育质量。选任为全国政协副主席,加重了社会政治活动的责任,为改革开放,振兴中华,克尽全力。

1980年,钱先生在接到中美联合编审委员会邀约时很爽快地答应了,说很愿意做中外文化交流,做有利于普及知识和有利于四个现代化的工作。此后一直到2010年他去世,几十年中,钱老对《不列颠百科全书》中文版倾注了大量心血。他参加了历次中美联合编审会议,出席国内外有关该书的学术研讨会,推荐专家、学者参加编译,自己翻译了数万字的科学条目,并主动提出审定数、理、化类译稿。特别是对1995年开始修订的《不列颠百科全书》(国际中文版),当时中国大百科全书出版社已经从事业单位向企业过渡,跌跌撞撞走向了市场,在资金、编译、出版,乃至后期的推广等方面,面临许多新问题,出版社一次次向他请示、汇报,请他写文章或出席会议,请他介绍、联系有关领导等,他一一答应,从不推辞。

中方成员周有光。文字语言学家,经济学家。先生从1980年起便和中国大百科全书出版社结下了不解之缘。首先是应邀担任《不列颠百科全书》中美联合编审委员会成员,继而担任《中国大百科全书》语言文字编辑委员会委员。2002年4月8日,已97岁高龄的周先生曾应约为中国大百科全书出版社写《关于周有光》一文。和钱老一样,周老的笔头,将自己在世人眼中的传奇一生,写得风轻云淡,更令作为晚辈的笔者肃然起敬。部分如下:

广西灵渠引出的水街。
灵渠,《不列颠百科全书》设有条目。灵渠古称秦凿渠、湘桂运河,于公元前214年告成通航,沟通了湘江、漓江,打通了南北水上通道,为秦王朝统一岭南,以及自秦后巩固国家统一提供了重要保证。是世界上最古老的运河之一,入选世界灌溉工程遗产名录。

周有光,1906年1月13日出生于江苏常州,原名周耀平。1923年就学上海圣约翰大学。1925年因"五卅惨案"而离校,攻读由爱国师生创办的光华大学,1927年毕业。1928年至1948年,任教于光华大学、江苏教育学院、浙江教育学院等校;任职于江苏银行和新华银行,并由银行派驻美国纽约和英国伦敦。1949年上海解放后回国,任复旦大学经济研究所教授和上海财经大学教授,业余从事语言文字学研究。1955年底奉调到北京,担任中国文字改革委员会、国家语言文字工作委员会委员、研究员,语言文字应用研究所研究员、中国社会科学院研究生院教授。1988年之前,长期担任全国政协委员和教育组副组长。1989年离休后仍继续著述、讲课。著作有《汉字改革概论》《世界文字发展史》《比较文字学初探》《周有光语文论集》(四卷)等20

余种,论文300篇。周有光跟姜椿芳先生一早就是学术好友,跟刘尊棋先生在美国和香港经常往来切磋学问。由于学术兴趣相投,所以共同参加《不列颠百科全书》编译工作,大家认为这是一件有利于中国走向世界的文化工作。

提起周有光先生,和他打过交道的同事们总会感叹他的博学多才,温文尔雅。徐慰曾还会顺便举上所见趣事一桩,说的是工作中他去看望周老和他的夫人张允和,一来二去熟了,张允和便不止一次同他讲:"我比周有光有名气。"每当此时,周老便笑而不言。

在聘请先生出任中方委员时,他还笑谈早已与《不列颠百科全书》相识,说这书是他大半生的知识伴侣。1923年他进入圣约翰大学之后,老师指定的课外读物就有《不列颠百科全书》中的一些篇章,这使他第一次进入百科全书的知识宝库。阅读以后,他茅塞顿开,从此跟《不列颠百科全书》结下了不解之缘。20世纪20年代,中国和世界处于动荡之中,他和几位同学结成一个读报小组,常常谈论天下大事。报纸新闻过于简单,需要知道世界大事的背景时,首先是去查看《不列颠百科全书》,这种读报方式成为周有光终身的习惯。新中国成立初期,他从国外回来,身边带着一套《不列颠百科全书》。居室狭小,无处放书,他就把百科全书放在身旁。"文化大革命"中,他被下放宁夏平罗"五七干校",工资减少到一月只有30元,家中不得已把《不列颠百科全书》卖掉,补贴生活。等他从平罗归家,方知失去了心爱的知识伴侣!可是事有凑巧,现在参加《不列颠百科全书》中文版中美联合编审委员会，又得到了新的《不列颠百科全书》。

中方秘书徐慰曾。新中国成立初期任职中国机械进口公司。1957年划为右派，开除公职，送劳动教养，后在农场就业。那段时间他经常在晚上偷听BBC、VOA等，英文功底不废反而更加扎实。1979年平反昭雪，调入中国大百科全书出版社工作，先在英文组。1980年，中方主席、主编刘尊棋请其出任《简明不列颠百科全书》联合编审委员会秘书，编辑部主任。他当即表态，"只要我的眼睛不闭上，就要排除万难把这套书搞出来"，从此无怨无悔踏上了这条充满艰难曲折的出版之路。别看这"官位"不大，却上管不列颠百科全书公司、中国大百科全书出版社高层联络、沟通，下管组织、翻译、编辑出

《张骞出使西域图》。出自莫高窟第323窟。莫高窟，《不列颠百科全书》设有条目。莫高窟位于甘肃省敦煌县三危山和鸣沙山之间的峭壁上，地当古代"丝绸之路"要冲。始凿于前秦建元二年(366)，经北魏、西魏、北周、隋、唐、五代、宋、西夏和元，历代都有凿建。现存已编号洞窟492个。窟内保存有45 000余平方米壁画，2 000余座彩塑。1961年被定为全国重点文物保护单位，1987年列为世界文化遗产。

版，对译本之成败一言九鼎、举足轻重。上任不久，编辑部的同事送他一个雅号"老猫"，说的是他有一双锐利的眼，成天高度警惕、四处巡梭，谁有没有在干活，活儿干得好不好，看得一清二楚，对于偷懒的，交活慢的、质量没有达到要求的，他就立即一通训斥，从不拐弯，毫不留情。所以，有人说，看见他就想躲，就像老鼠见了猫。当然，他对有才学而又认真工作的，则掏心窝子好，替人家跑上跑下，帮助落实政策；对自己则更加严格，每天睡得很少，对薪酬之类的事也没什么要求。

　　1995年《不列颠百科全书》（国际中文版）上马，说是修订版，但由于以全本为母本，规模为20卷，比10卷的《简明不列颠百科全书》从内容上已扩充了一倍之多，是费时费力的一项浩大工程。其时徐慰曾刚结束在台湾的《不列颠百科全书》繁体字版工作，社领导三顾茅庐，钱伟长和周有光也极力赞同，已退休10年，年届7旬的徐慰曾再度出山，担任主编兼编辑部主任，用他自己的话说就是"人还在，心不死"。其时，出版社已引入市场机制，实行项目独立核算制，除了组织众多社会名流、专家、学者、编辑、翻译通力合作，还要面对编译质量、资金筹备、推广销售等繁复琐碎之事，他的日程表中没有了休息日。五年中，他从不拿任何奖金，每月只象征性领取150元返聘费。他的书房里挂着一幅条幅："计利应计天下利，求名应求万世名。"这是他借于右任先生诗句表达自己淡泊名利、献身事业的心志。从第一个中文版《简明不列颠百科全书》，到后来的台湾繁体字版、《不列颠百科全书》（国际中文版），从1980年至2001年上半年前后历时20余年，徐慰曾是中文版实操的核心人物、灵魂人物，殚精竭虑，鞠躬尽瘁。2001年经中国韬奋奖评委会无记名投票，他以得票第一名获选第七届韬奋出版奖。

　　组建这样一个高规格的中美联合编审委员会，实际上

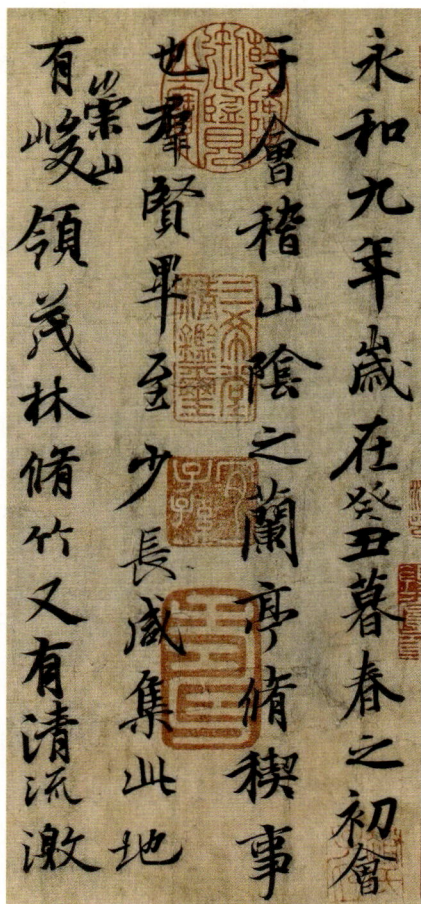

马承素本《兰亭序》。书法，《不列颠百科全书》设有条目。书法特指以毛笔书写汉字的艺术，有篆、隶、楷、行、草五种书体，结字与用笔涵括了书法的基本规律。历代书法家的作品笔精墨妙，飘逸神飞。书法是中华民族优秀传统文化之一。公元元年前后流传到日本等国，至今不衰。

是建立了一套行之有效的国际争端解决机制，保证了《简明不列颠百科全书》中文版的编译、出版顺利进行。

经过协商，中美联合编审委员会达成两条基本原则：首先，《简明不列颠百科全书》中文版保留原书中所有中国条目，但这些纯属中国的条目（包括地图）如人物传记、历史、地理、政治、经济、科技、文艺等，可由中国大百科全书出版社请各方面专家参考原书相应条目重新撰写。原文版中包括涉及中国的条目共计2 054条，中文版在此基础上再增加400多个条目。其次，中国以外的条目（包括地图），包括纯属外国的条目以及与中国有关的外国条目，均照原书翻译，原则上只删不增，内容由美方负责，中方负翻译责任。中方由于篇幅或政治原因可作适当删节，对涉及重大的分歧要修改时应与美方协商解决，不能达成协议时取消该条目。

按照协议，中美联合编审委员会负责审查全部条目，保证所有条目内容符合中国大百科全书出版社和不列颠百科全书公司双方都能接受的质量和客观性标准，如果对某一条目发生重大分歧，必须以双方都能接受的方式解决，否则，该条目不得使用。也就是说，委员会对权限内的所有问题有最后决定权。

《不列颠百科全书》自持秉乘科学之独立精神，由来自100多个国家的学者、专家撰稿，其条目内容权威、公正，而在中方看来，有一些条目，主要是与中国相关的条目，还存在一些相当错误的观点，有些认识是尖锐对立的，另外还存在许多知识和事实谬误。现在定下"中国条目中国自己来写"，可以很好地解决这些问题。但美

京剧《杨门女将》剧照。京剧,《不列颠百科全书》设有条目。京剧是在中国影响最大的戏曲剧种,清代道光年间形成于北京。又称京戏。2006年5月列入第一批国家级非物质文化遗产名录,2010年列为人类非物质文化遗产。

方盯得很紧,认为他们也是责无旁贷的,条目编写是一种共同的责任。因为不论在序言中如何强调由中方负责,一般读者都不可避免地会把这些条目看成是同其他条目一样按字顺排列在一起的,是全书的一部分,都会理所当然地被看成是不列颠百科全书公司所同意的条目。所以,他们也会时常就中国学者撰写的条目提出异议,并表示他们未能轻易予以同意。

如何解决这些问题,令双方都能接受、满意,这需要交流、沟通,有时甚至交锋,是对双方智慧、处置能力的考验;尤其是当涉及政治性敏感问题时。试举几例。

"两个中国"问题。1981年9月,不列颠百科全书公司赠送一套该公司出版的《康普顿百科全书》给上海市长汪道涵。由于该书中出现两个中国,上海市政府外事办公室负责人根据中美联合公报的精神,去函不列颠百科全书公司就两个中国的问题提出异议。不列颠百科全书公司总编辑盖茨未与该公司领导和中美双方合作的美方负责人吉布尼等商量，复函上海市外办，为此事辩解，说："我们对中美联合公报及其特别涉及台湾的内容当然是知道的。但是，这种协议只对缔结双方，即中华人民共和国政府和美国政府有约束力。《不列颠百科全书》和《康普顿百科全书》都不是美国政府的出版物。为保证我们出版物的参考价值，也为了尽可能使它们做到不偏不倚（这样销路才能最广），我们在处理内容和地图时必须以编辑和学术的观点进行判断。这样，有时会使我们在某一特殊问题上同某些国家的理解发生矛盾。"中国大百科全书出版社闻讯即与吉布尼联系，申明中方立场。1982年3月，吉布尼等在刘尊棋和徐慰曾陪同下专程赴上海，会见市外办负责人，说明他是不列颠百科全书公司的官方代表，他清楚地了解中国政府"一个中国，台湾是中国领土不可分割的一部分"的官方立场，他认同这一点，因为这是双方合作的基础。后来，在中美联合编审委员会全体会议讨论歧见条目时，一致同意台湾作为一个行省处理（原书是"中华民国"）。

中国党和国家领导人的传记、党史和军事类条目。原书中有关中国共产党领导人的条目，如毛泽东、周恩来、刘少奇、朱德、邓小平、陈云、叶剑英等，以及党史、军史的重大事件，无论在观点或史实方面都存在错误，需要重新改写。同时，根据中国的实际情况还需要设置一些新条目。中国大百科全书出版社提出方案：这些条目既要按照中方的观点来写，同时又要能为对方所接受，尽量保留书中可用的内容和语言；主要是讲事实，少写云南玉龙雪山。云南，《不列颠百科全书》设有条目。玉龙雪山是云南境内的雪山群，13座雪峰连绵不绝，宛若一条"巨龙"腾越飞舞，故称"玉龙"。终年积雪，发育有亚欧大陆距离赤道最近的温带海洋性冰川。

或不写分析性文字；条目字数不求统一；在文风与体例上，则力求保持与原书一致；请中央文献室、军事科学院、党史研究室、中组部、中央档案馆等专家撰稿，成稿后报中央审查。胡乔木很快就此事作出批示："各条写好后由我统一定稿，并送常委审阅。事关重要，送耀邦、紫阳、小平、先念同志阅。"各位领导均圈阅同意。由于原则制订得当，各环节掌握适度，成稿后，不列颠百科全书公司除了对个别人的职务、出生年月等提出异议、考证外，均表示满意。

朝鲜战争。早在1979年中美双方开始讨论合作出版《不列颠百科全书》中文版时，有人就已经提出"朝鲜战争"这个条目可能成为双方的严重分歧。由于中美双方互为对立方参加了这场战争，双方的立场、观点不同。条目既是中国的，也是美国的。这场战争是近代重要的国际性争端，无法回避，"到底是谁打响了第一枪"成为争论焦点。在讨论中，吉布尼提出当年他是美国海军情报官，后长期从事新闻工作，认为英文版不列颠百科中"朝鲜战争"的释文是实事求是的。索乐文在美国兰德公司工作，接触过大量资料，也同意吉布尼的看法。他们还提出百科全书的条目应该具有真实性、客观性和权威性，试图以此说服中方。这一问题争论了好久，未能达成统一看法。但战争在某年某月某日爆发是确切事实。最后，在求同存异思想指导下，双方专家同意只谈战争的爆发，不谈谁发动了这场战争。原文中"1950年6月25日，北朝鲜在苏联怂恿下，发动了一次精心策划的进攻，越过了三八线。这次行动事先并未通知中国"部分，经1982年8月中美第二次联合编审会议协商后改为"自1949年以来，朝鲜南北两方的小规模战争始终未停，1950年6月25日酿成巨大冲突"，其他部分照译。

马歇尔使华。1984年9月，中方主席刘尊棋收到美方主席吉布尼一封长信，代表美方提出对我方专家、学者撰写"马歇尔调处"等涉及中国条目的一些意见，摘要如下：

在一定程度上，这往往是一个术语问题。有些术语为中华人民共和国国内全体人民所熟悉，而且在某种意见上来说，已经视为当然。但决不能忘记，我们要在中国国内和国外同时推销这部书，比如，要远销到新加坡华裔居民中去，可是他们都不具备共产党人的经历，也没有受过共产党的教育，这些人所需要的是对许多事实较为详尽的介绍，而绝不是一些中国条目所提供的往往像电报式的简短内容。

我们正准备寄出对"马歇尔使华"这个条目的修改意见。此条至少应以英语原条所载Marshall Mission（马歇尔外交使团）为标题。原条也许过长，需加裁剪，但抱歉得很，中文条目的内容，使我们无法接受。该条指出"美国调处使团的目的就是为了帮助蒋介石在全中国重建其统治权"，直截了当，开门见山。末尾说明美国对国民党政府的援助及蒋介石重新挑起全面内战之后，便提出"马歇尔特使与司徒雷登大使于8月10日发表联合声明，宣布其调停中国内战的努力归于失败"一语。至少根据英译文来说，此种措词旨在说明马歇尔与司徒雷登等待蒋介石发动全面内战之后，立即发表声明，宣布调解失败，以增强其句首文字的色彩，虽未明言，其意甚显。

如上所述，美国诚然在国共双方停战调处期间

布达拉宫。《不列颠百科全书》设有条目。布达拉宫是中华民族古建筑精华之作,坐落于拉萨市区西北的玛布日山上,是世界上海拔最高,集宫殿、城堡和寺院于一体的宏伟建筑,也是西藏最庞大、最完整的古代宫堡建筑群。1961年列入全国重点文物保护单位,1994年列为世界文化遗产。

曾继续对国民党人进行援助,显然这种援助并无助于使团以完成其使命。现在回顾这段过程,正如史迪威当时所说,这种军事援助是灾难性的。当时正处于一种混乱时期,美国对华政策由于政见分歧常常造成极端自相矛盾的后果,你是知道这种情况的。

但是,如果以此为口实而遂行断言马歇尔使团的使命仅仅是试图帮助蒋介石恢复其政权,这就不仅形成一种不正确的推论,而且有损于马歇尔和司徒雷登在人们记忆中的形象,而他们恰是美国高尚的政治家行列中的两位人物。我相信当时的中国历史学家们会知道美国政策由于是民主制度下的政策,要受到来自各方压力的影响,而不会像苏联当时政策那样简单的。总的说来,此条文字绝非真实。

即使承认条目由中国大百科全书出版社负责,我们也不同意这种叙述方法。如果双方对此条无法找到折衷办法时，则应按照前此对于不列颠百科全书公司所提供的有关斯大林主义一条的处理方式，将此条取消。但是希望我们能够达成一种协议，以使每个人对于为"真理"所下的定义都能感到满意，真理毕竟只有一个。

另外，我们认为对以下各点应请重视，如在"庐山会议"一条中似应提及毛对彭德怀提出谴责之后，彭曾公开表示放弃其建议并作了自我检讨，嗣后才被撤职，由林彪接替国防部长。又如在"江青"一条中，似应增加一两行文字，说明她同毛结婚后，生过一个女儿，以后多年未参与政治事务。考查原条，1937年至1965年之间成为她生活史上的一段空白，撰稿人未作交代。

现在在中国国内生活的中国人都会知道这些事实，下一代人会知道吗？当然大多数海外读者就更会一无所知。

刘尊棋收到吉布尼的信后，认为很重要，他亲自将信译成中文，分送中央文献研究室、中央党史研究室和军事科学院等单位，请他们参考。关于"马歇尔调处"条目，他认为中美双方可以再协商，尽量不要取消。

后经联合评审委员会开会见面时商讨，双方同意"马歇尔调处"修改为以下释文："第二次世界大战后美国总统特使马歇尔来华就国民党与共产党的军事冲突进行的调处。他留在中国一年多，其使命以失败告终。1945年12月，美国总统杜鲁门派遣马歇尔使华，当时美国在国共之间的调解濒于失败，内战迫在眉睫。他作为有声望的总统特使，其任务是促使国共双方重新进行认真的谈判。调处初期曾取得一些成果，由周恩来、张群、马歇尔组成三人小组，1946年1月10日，双方同意立即停火，召开政治协商会议，以便最后组成联合政府，共同治理中国。2月25日，拟定了国共双方按五比一共同裁减军队的方案。但到春季停火失败，蒋介石蓄意挑起全国内战，战争先在东北地区爆发，继而扩大到其他地区。由于美国援助国民党军队，马歇尔无法维持其调解者的身份。1947年1月，他被召回美国。"①

政治概念。另外还有一批普遍使用但两方面理解不同的政治概念，如人权、民主、专政、侵略、铁幕等，释文力争客观、简明、扼要，删去那些某一方无法接受的带倾向性的论述。对一些有争议的人物、事件，尽量简明、客观，删去带倾向性的褒贬之词。

在《简明不列颠百科全书》中文版全书中，通过双方会议协商同意取消的条目只有一条，即"斯大林主义"。取消的动议由中方提出，理由是已经有了"斯大林"条，"斯大林主义"条目比较空洞，且多政治性否定。

---

① 不列颠百科全书公司. 不列颠百科全书（国际中文版）：第10卷［M］. 不列颠百科全书编辑部，译. 北京：中国大百科全书出版社，2007：541.

# 三个中译版本

1984年12月19日新华社讯："中共中央总书记胡耀邦今天下午在中南海会见英国首相撒切尔夫人时说，中英关于香港问题的联合声明是两国友好关系史上的里程碑。……胡耀邦对撒切尔夫人说，在今天这个喜庆的日子里，我愿向首相赠送两件纪念品：中文版《简明不列颠百科全书》第一卷和最新出版的《英华大辞典》。胡耀邦说，中英两国人民可以有更多共同语言。"

这里提及的"中文版《简明不列颠百科全书》第一卷"当时还只是样书，正派送给各方面人士广泛征求意见中。胡耀邦向撒切尔夫人赠书的消息，通过电视、广播、报纸迅即传遍全国。书未出版，已出了名。从此，广大读者知晓了《不列颠百科全书》，纷纷打听，要求订购，出版社应接不暇。译者、编者更是备受鼓舞、士气大振、斗志高昂，翻译、编辑各项工作加快了节奏。

百科全书涉及各学术领域的知识，又因中美历史传统、政治、文化、国情、价值观等存在巨大差异，加上双方长时期缺乏交流，故编译工作的首要任务是组建起一支既通英文，又有各种专业知识的庞大翻译队伍，以及组建一个与此相匹配的编辑部。当时刚刚起步的大百科全书出版社，办公场所分散，资金匮乏，同时，对引进这部巨作有人在思想上还存在种种疑惑、顾虑，困难很多。在徐慰曾的带领下，编辑部经多年历练，成为一支专业水准相当过硬的团队。

1985年第1—3卷出版。9月10日上午，邓小平接见中美相关人员。下午6时，在人民大会堂举行庆祝《简明不列颠百科全书》出版发行招待会，出席招待会的有中央领导、有关方面负责人胡乔木、胡绳、李琦、廖盖隆、逄先知、宋书声、林基洲、王揖、冯锡良、陈翰伯、王子野、钱伟长、周有光等；外宾有不列颠百科全书公司负责人吉布尼等8人；美国驻华大使恒安石和夫人，中国驻美大使韩叙，中外记者，中国大百科全书出版社负责人姜椿芳、常萍和刘尊棋等。胡乔木以《中国大百科全书》总编辑委员会主任的身份祝贺《简明不列颠百科全书》出版发行，感谢参与该书工作的专家、学者、译者、编辑及出版人员的辛勤工作，并希望中国和美国的学术、出版界能以这次成功的合作为开端和范例，继续长期地发展这种合作关系。11日上午，胡乔木在钓鱼台国宾馆会见了吉布尼，双方就政治制度、工人运动、异化等问题进行了友好坦率的交谈。

《简明不列颠百科全书》第1—3卷于1985年9月11日在北京王府井新华书店开始发行，有读者半夜开始排队，早晨7时后队伍排到了长安街，争购场面相当火爆。

1986年9月，《简明不列颠百科全书》10卷出齐。9月10日上午，胡耀邦会见了不列颠百科全书公司董事长格

云锦龙纹妆花。南京博物馆藏。云锦，《不列颠百科全书》设有条目。云锦是中国传统丝制工艺品，至今已有1600年历史，一直保留着以传统的提花木机织造的工艺。因其色泽光丽灿烂，美如天上云霞而得名，是中国丝绸文化的璀璨结晶。南京云锦织造技艺2006年列入首批国家级非物质文化遗产名录，2009年列为人类非物质文化遗产。

温和吉布尼、默奇森、马赫、王昌庆、何得乐等外宾。中方陪同接见的有宋木文、边春光、梅益、姜椿芳、常萍、刘尊棋等人。接见时，胡耀邦说，中美双方合作，完成了《简明不列颠百科全书》，办了一件好事，值得庆祝。胡耀邦介绍了中国改革开放的情况，回答了外宾的提问，接受了美方赠送的《不列颠百科全书》第1版复制品，并在中文版《简明不列颠百科全书》第1卷上签名，面赠格温。

9月13日上午，中国大百科全书出版社在上海展览中心举行《简明不列颠百科全书》全套发行仪式，罗洛和吉布尼分别代表中美双方致词，介绍合作编译出版经过，共同祝贺该书出版发行。仪式前，时任上海市长江泽民和汪道涵、刘振元、罗竹风等与格温一行进行了交谈。

之后，中美双方在新加坡、美国和中国香港分别举行发行活动。美国发行仪式在国会图书馆举行，美国国务卿舒尔茨在华盛顿会见了中方代表团，接受了赠送的中文版《简明不列颠百科全书》。新加坡、美国、香港媒体广泛报道了发行活动，并刊登了吉布尼、钱伟长等人撰写的专稿——《求同存异，中西合璧，中美联合编审〈简明不列颠百科全书〉》。

《简明不列颠百科全书》中文版于1986年出齐，至1995年创下了销售16万多套、国内外同步销售创收外汇120多万美元的佳绩。它被誉为中美文化合作的典范，获首届国家图书奖提名。

1986年《简明不列颠百科全书》中文版出版后，美方告知中方，中国台湾地区已有三四家出版商希望合作出版繁体字版。1987年6月22日，中国大百科全书出版社总编辑梅益、副总编辑林盛然等和吉布尼、菲格、何得乐在北京建国饭店就台湾繁体字版进行会谈。梅益表示，双方与中国台湾地区合作是大事，成功后可促进与台湾的关系。12月5日徐慰曾参加东京三方会议，和台湾中华书局总经理熊钝生数次长谈，表示中国大百科全书出版社积极支持台湾出繁体字版，促进交流合作和相互了解。为表示善意，徐慰曾还随身带去图片十多箱，供出版时参考选用。

1988年3月，三方代表在香港举行正式会议，出席会议的中国大百科全书出版社成员有梅益、赵复三、石磊、徐慰曾，美方为诺顿、恒安石（美国前驻华大使）、吉布尼、何得乐，台湾中华书局为熊钝生、熊琛（中国台湾地

北京国子监琉璃牌坊。国子监，《不列颠百科全书》设有条目。国子监是中国古代最高学府和教育管理机构。晋武帝司马炎始设国子学，至隋炀帝时，改为国子监。国子监不仅接纳全国各族学生，还接待外国留学生，为培养国内各民族人才，促进中外文化交流，曾起到积极的作用。

区外交官）、熊杰（熊钝生之子、台湾中华书局副总编辑）和宇仁慈（台湾中华书局责任编辑）。台湾中华书局为台湾地区官方出版机构，熊钝生曾任"内政部"司长，当时还任台北书业公会理事长。会议由美方主持，应台湾中华书局要求，会议秘密举行，不作报道，但中国大百科全书出版社每日将情况通报给新华社香港分社。由于三方均有合作愿望，经过商谈，顺利解决了各种问题，令美方感到意外。熊钝生抱病从医院秘密来港参加会议，会后即病逝于香港，后由其子熊杰接任总经理。当年7月及翌年4月，在美国芝加哥和韩国汉城再次举行三方会议，继续商讨台湾版各种问题。台湾繁体字版定名《简明大英百科全书》。根据不列颠百科全书公司和中国大百科全书出版社的协议，中国大百科全书出版社将得到台湾中华书局付给美方的数十万美元版税中的三分之一。

1992年7月，不列颠百科全书公司董事长格温为解决台湾版在台被盗版并出现两个版本的困扰，决定出资150万美元，解除和台湾中华书局签订的合同，收回授权，在台湾成立独资的大英百科全书公司，出版30卷本《大英百科全书》中文繁体字版，并希望由中国大百科全书出版社负责制定该书的框架，组织翻译、编辑以及撰写中国条目等工作，而台湾方面则由宇仁慈组成编辑班子完成编辑、出版等工作。中国大百科全书出版社成立了编译组，先后聘请了200余位专家、学者、翻译，参加撰写和翻译、编辑工作。除全译英文版《百科简编》新条目外，还翻译了英文版《百科详编》内全部重要人物条目及其他条目。条目框架及新增中国条目，均商请中国各学科专家制定，并经美方同意。钱伟长自告奋勇，要求翻译阿基米德、达尔文、爱因斯坦等条目，70 000多字。他每天凌晨工作，按时交稿。百科编译组工作历时三年半于1995年结束，共完成翻译、修订条目7 000余条，中文1 300余万字。

1986年《简明不列颠百科全书》出版后，热销多年。然而，20世纪90年代中期后，由于科技的迅速发展，世界的急剧变化，人们对知识的需求日益增长，《简编》的知识容量已显局狭，资料也逐渐陈旧、老化，一些观点存在片面、偏颇，大幅修订提上日程。经中国大百科全书出版社、不列颠百科全书公司双方协商，并报请主管机构批准，1995年2月20日，中国大百科全书出版社正式发文，启动对《简编》全面订正、更新、大规模扩容。全书共20卷，5 000万字，定名《不列颠百科全书》（国

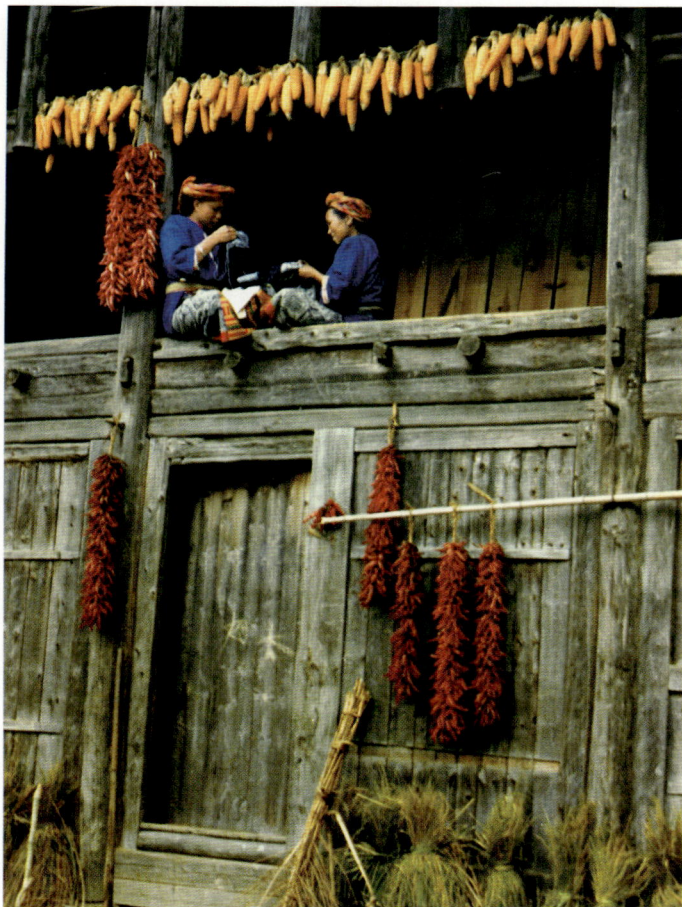

邵阳雪峰山下的瑶族。邵阳,《不列颠百科全书》设有条目。邵阳位于湘中偏西南,于西汉初置县,历史上曾称昭陵、邵陵、邵阳、敏州、邵州、宝庆,至今已有2500多年历史。邵阳有包括汉族、瑶族等44个民族。近代中国"睁眼看世界"的先行者魏源,便来自邵阳。王再摄影。

际中文版)。继续采用联合编审委员会这一协调工作机制。中方委员钱伟长、周有光、梅益;美方委员吉布尼、索乐文、恒安石。

　　71岁的徐慰曾,苍苍白发,"为追千里志,老骥再伏枥",重操旧业,游说专家,带领编辑部一众人马开工。

编译、出版等数百位专家和编辑投入其中。此项工作持续数年，根据英文新版逐条修订，增加新资料，增补新内容；增译世界科技新成就、政治变化、新的人物和事件等条目；新增了大批中国条目；为方便读者查阅，全部条目按照英文原版条目标题的外文词字母顺序排列；同时改善了使用功能，另设索引2卷，按汉语拼音音序排列条目中文标题索引，在中外文条目标题后还附有简短的定性（分类），既方便读者进一步查阅，其本身又是一部可以单独使用的简明百科辞典。《不列颠百科全书》（国际中文版）于1998年开始出版。1998年10月9日第九届全国书市在西安开幕，10月12日，中国大百科全书出版社和不列颠百科全书公司假西安宾馆举行出版联合新闻发布会，其时已任不列颠百科全书公司副总裁兼总编辑的何得乐专程来华参加会议。中方委员钱伟长发表讲话，称这部书的出版是"中美合作传播知识的新成果"。

1999年4月中旬，《不列颠百科全书》（国际中文版）20卷全部出版。经中美双方商定，美方吉布尼、何得乐将专程来华，参加定于5月14日在北京举行的出版发布会；5月15日在中国国家图书馆举行赠书仪式并举行报告会；5月17日在上海举行座谈会。该项活动得到新闻出版署、外交部和时任全国政协副主席钱伟长的大力支持，时任国务院副总理李岚清和上海市长徐匡迪已同意分别在京沪两地会见美方来宾及中方负责人员。经数月筹备，一切就绪。

但是，突如其来的噩耗传来，活动前数天美国轰炸了中国驻南斯拉夫大使馆，活动被迫中止。

2005年，中国大百科全书出版社再次根据英文版最新资料对《不列颠百科全书》（国际中文版）进行大规模修订。此次修订，对照英文版最新版本以及随时更新的《不列颠百科全书》网络版进行逐条修订，更新资料、增补内容、收录新条目，并全面修订了中国条目，以充分反映21世纪以来国际社会自然科学、社会科学等诸领域的变化以及新的研究成果。

2001年10月，《不列颠百科全书》（国际中文版）荣获中国第四届国家辞书奖特别奖；2001年12月，荣获第五届国家图书奖荣誉奖（最高奖），是首个获得国家图书奖的引进版图书。至2020年初，《不列颠百科全书》（国际中文版）已重印近20次，并持续进行适量修订、更新。

# 版权之争

　　1997年8月6日，北京。日头暴晒，暑热蒸腾。中国大百科全书出版社的会议室，空调开足马力，拂送一波波凉爽。长方形粟色木桌两侧，对坐着中美两方人员。不列颠百科全书公司方面，吉布尼等老一辈领导人早已退休，公司在全球数字化浪潮中艰难转型。1995年12月，瑞士银行家萨弗瑞收购了不列颠百科全书公司，整个领导层也换了新人。这次来华的是董事考兹（不久后接任总裁）、执行副总裁兼法律总顾问鲍尔、主管国际事务的副总裁何得乐（不久后出任总编辑）、中国项目经理兼翻译夏志厚。中国大百科全书出版社方面出席的是社长单基夫、《不列颠百科全书》（国际中文版）修订版主编徐慰曾，以及分管对外合作的副总编辑龚莉、对外合作部主任阿去克。

　　考兹年轻、活跃，见面便大谈他对中国艺术的喜好，称会再去北京的798等处寻觅中国绘画作品。鲍尔年长，不苟言笑，修剪齐整、浓密有型的络腮胡，衬托着一脸严肃。何得乐，这名字是地道中国造，却是百分百美国人，英文名Dele Hoiberg。他早年在台湾学习中文，后为

金山岭长城。长城，《不列颠百科全书》设有条目。"万里长城，金山独秀"，障墙、文字砖和挡马石为金山岭长城三绝。1961年被定为全国重点文物保护单位，1987年列为世界文化遗产。

中国文化所吸引，又入芝加哥大学攻读中国古代戏剧，20世纪70年代入职不列颠百科全书公司，从1983年起已数次到访中国大百科全书出版社。他的博士论文是评北宋的某一种地方戏曲。钻研这么冷门的领域，最起码中文得棒棒的，就冲这一点，大家对他便颇有几分另眼相看。

正式会谈从上午9时开始。中国大百科全书出版社和不列颠百科全书公司已有10余年合作史，彼此熟悉，所以在开场白的简单几句寒暄后，立即切入正题，双方便围绕《不列颠百科全书》（国际中文版）修订事宜展开讨论。

起初很顺利。书名、中美联合编审会组成、编辑资料审查、图片和地图质量、发行权、版税等，意见很快达成一致。不到10点，轻谈浅笑中已过了大半议程，只剩下最后一个议题：修订版的著作权归属。已经有人打电话，开始预约"老上海"饭店的庆贺午宴了。

不料想，这时谈判桌前风云突变，著作权归属引发了激烈的辩论。不列颠百科全书公司提出，"修订版著作权完全属于美方"，理由是"在其他国家出版的其他语种版本著作权就是如此办理的"，口气不容置疑，底气十足。而中国大百科全书出版社表示，根据1991年6月1日施行的《中华人民共和国著作权法》第12条的规定，"改编、翻译、注释、整理已有作品而产生的作品，其著作权由改编、翻译、注释、整理人享有，但行使著作权时，不得侵犯原作品的著作权"，译作著作权应该中方拥有。况且，1985年出版的《简明不列颠百科全书》中文版著作权乃中美双方共同拥有，这次修订版的著作权至少也应该沿用以往的作法，共同拥有。

双方都不肯退让。有人据理力争，有人郁闷不语，会议室的气氛有些诡异。挨到中午，"老上海"的美味佳肴自然未能入腹。就近简餐后，各方内部曾进行短暂碰头，商讨对策。

中国大百科全书出版社认为，翻译这部巨著，曾经承载了太多国家层面的政治、文化考虑，况且翻译、出版周期冗长，出版社前前后后投入的人力、财力、物力巨大，非一般书籍堪比，而通过市场回收投资，又是一个经年累月的漫长过程，如果不能拥有著作权，实际从法律上便已失去保障，对方随时可以无条件拿走所有文稿、资料和电子文档，自起炉灶，或另找婆家，若如此，中国大百科全书出版社岂不是赔了夫人又折兵、鸡飞蛋打白忙乎一场？从20世纪90年代中期起，《中国大百科全书》第1版问世后，在国家涌动的市场经济大势下，中国大百科全书出版社开始转型，从财政全额拨款的事业单位转向财政部分补差，少量拨款，事业性质，企业管理。在经济上，中国大百科全书出版社也开始未雨绸缪，瞻前顾后，精于计算起来了。无疑，这次遇到的是原则问题，哪能轻易言退。

　　而不列颠百科全书公司呢，他们嘀咕的是两点：一是鉴于以往在台湾发生的侵权事件，董事会已将对外合作中的外语版本著作权一律规定为不列颠百科全书公司独家拥有，如达不成协议，则取消合作。二是，不列颠百科全书公司彼时已经悄悄开始进行产品的全球数字化布局，他们希冀在新媒体上大展拳脚，赚取美元。比如与日本的卡西欧电子公司联手，在卡西欧电子辞典内植入中文版不列颠百科，再销往中国。当时，卡片大小的卡西欧电子辞典在中国销量惊人，如能参与分成，利润之丰厚可想而知。这已经涉及到不列颠百科全书公司的战略层面和经济利益，所以他们似乎也铁了心。

　　那日接下来的数小时会谈仍是鏖战，局面未有改

波密，《不列颠百科全书》设有条目。波密为西藏自治区林芝地区所辖县，川藏公路通过县境。当地主要矿产有石膏、绿柱石、铁、钨、铜、钼、铅、锌、水晶、砂金等，有卡钦冰川、若果冰川、则普冰川和岗乡自然保护区等风景区。四月的波密，桃花树高朵繁，狂放不羁。

变，一直到窗外明月升起，万家灯火闪耀。时钟已经指向晚8点，还没有结果，大家已经疲惫不堪。主持人宣布休会，说大家冷静冷静，想一想再议。

　　这真是一场艰难的谈判。不过，双方斗而不破，虽坚持己见、相持不下，却还是有节制地小心守护着合作的底线。这其中，有历史的原因，但当然更有现实的、经济的考量。从20世纪60年代起，台湾书商就希望出版中文版《不列颠百科全书》，但不列颠百科全书公司认为台湾市场太小一直未予同意，作为老牌出版商，不列颠百科全书公司的商业规划早已经聚集在人口众多的中国大陆。吉布尼曾在美国1985年冬季号《知识》杂志发表题为《不列颠百科全书中文版出版》的文章，其中说到：

　　"1980年春天，保罗和我回到中国，我们和刘尊棋、姜椿芳二位签署一项协定书，想到多数美国和欧洲的商人打算在中国占一据点时面临的问题时，我们仅两次磋商便达成一项协议，可算是一项成就。"对于不列颠百科全书公司、中国大百科全书出版社来说，中文版《不列颠百科全书》自1986年问世以来，口碑甚佳，成为销售常青树，每年中国大百科全书出版社的收入及不列颠百科全书公司的版税分成都相当可观。

版权之争的核心是经济利益。后来又经过一周时间的数番交涉，最终达成的协议是，译本内容版权归属不列颠百科全书公司，但中国大百科全书出版社将始终拥有译本的独家使用权，若不列颠百科全书公司要将译本作为他用，须征得中国大百科全书出版社同意，并支付中国大百科全书出版社经济补偿。同时，译本的版式、装帧设计等邻接权，属中国大百科全书出版社所有。这一条款，著作权归属已达到不列颠百科全书公司董事会意愿，但同时也确认、保障了中国大百科全书出版社的实际权益。

# 历史的足音

　　《不列颠百科全书》中译，如果从早年徐寿主持的江南制造局翻译馆算起，是百年前的事情，而真正做到全本编译，至今也有40余年了。

　　作为中国改革开放、中美建交后的第一个文化出版交流项目，它所承载、体现的人类思想、智慧、格局，已远远超出了一套书的物理含义。

　　改革开放之初，由于中美政治文化交流的意义以及中国现代化的需要，邓小平数次接见有关人员，支持这项合作，若非如此，在当时刚刚结束"文化大革命"的社会文化环境下，中美两国出版机构要合作出版这样一部涉及许多政治敏感问题，且在思想、意识、价值观念方面与中国存在许多不同的大型工具书，几乎是不可能的。当时的中国，历经"文化大革命"浩劫，学术荒芜，百废待兴，中国第一次以现代百科全书向本国民众全面介绍西方文化科学，帮助中国读者增长知识，开阔视野；同时，对于海外读者，除了向他们提供一部简明的中文百科外，还可以让他们从由中国学者撰写的有关中国条目中获得关于中国各方面的知识。美国新闻界用《惊人的百科全书》为题对其进行报道，一时成为热点。封闭多年后打开国门的中国，展示了科学地、历史地、实事求是地评价自己、评价世界、评价世界文明成果、评价西方先进科学文化的强烈愿望和快速行动。

邓小平向外界披露有关改革开放、决定国家命运走向的重要思考。刚刚结束十年"文化大革命"浩劫的中国，一场关于真理标准的大讨论如惊蛰春雷，震动神州大地。邓小平倡导解放思想，实事求是，一切从中国社会主义初级阶段的实际出发。他在接见不列颠百科全书公司负责人吉布尼等人时，首次完整阐述了他的社会主义市场经济理论，并借由国际权威媒体传播，让世界更多、更真切地了解中国改革开放的思考、变化和进步。正是社会主义市场经济这一创举，使中国经济体制改革取得重大进展，生产力大大解放。

中国知识产权保护启动历史性开端。中译本是首个承认美国公司版权并支付版税的文化项目。1979年1月，邓小平率领的中国政府高级代表团，就《中美高能物理协定》与美方会谈时，知识产权问题曾一度使谈判陷入僵局。美国方面提出一个强硬的条款，即中国必须承诺全面保护美国公民的知识产权，并表示在知识产权的问题上决不会作出任何退让。当时，中方对知识产权这个字眼还很陌生，中国还没有知识产权法律，也未加入知识产权国际公约。中国代表团在华盛顿紧急进行内部磋商，邓小平态度明确地指出：无论从眼前看还是从长远看，中国都应该建立知识产权保护制度，这个问题不仅影响中美关系的大局，更重要的是，它也是中国改革开

2012年6月16日，搭载宇航员景海鹏、刘旺和刘洋的神舟飞船九号在酒泉基地发射升空。神舟飞船，《不列颠百科全书》设有条目。神舟飞船是中国自行研制，具有完全自主知识产权，达到或优于国际第三代载人飞船技术的飞船。至今，神舟飞船系列已圆满完成多次载人航天任务。张社安摄影。

放和自身社会发展的需要。这次磋商成为中国知识产权保护的历史性开端。此时开始的《不列颠百科全书》中译，中国大百科全书出版社同意支付美国不列颠百科全书公司5%的版税。协定对版权和版税的承诺，表达了改革开放的中国对知识产权的重视、尊重和保护，昭示着中国遵循国际规则，依法治国的走向。美国媒体报道称其为"突破性事件"，"一个特别重要的事件"。报道称，"目前，在中国还不是世界版权公约签字国的情况下，由一个国营出版社签署的这项协议表明，中国在这类合作项目中将尊重其他国家的权利"。

在《不列颠百科全书》200多年的历史中，首次由中国学者撰写中国条目。1768—1771年在英国爱丁堡问世的《不列颠百科全书》，两个多世纪以来，连续修订，学风严谨，长期以来，以其学术性、权威性、国际性享誉世界。其作者大都在学术领域卓有建树，但由于众所周知的原因，有些条目，尤其是涉及中国的内容方面，存在研究不够，甚至带有偏见的情况。1979年11月26日邓小平在接见吉布尼时提出，中文版中外国的部分搬你们的就是了，中国部分中国自己来写。美方接受了中方意见，涉及中国内容的条目增加到全部条目的10%以上，达2 000多个。出版社邀约的中国学者治学严谨，具有深厚的文化底蕴和精到的文笔，所撰写的条目得到各方好评。除了中文版外，鉴于英文版在西方欧美国家主流文化中的广泛影响，中方当然希望不列颠百科全书公司也能在原文版中采用中国学者撰写的中国内容，以便尽可能客观、公正、真实地介绍中国文化和中国国情。2006年，不列颠百科全书公司总编辑何得乐来函，表示中国大百科全书出版社提供的中国学者撰写的中国条目已具备无可争辩的质量，同意英文版也予以采用。

首次建立起整套国际出版合作规范和协商机制。合作伊始，双方都已意识到有些问题难以回避，必须正视。中美两国政治体制、文化背景和价值观念不同，在许多问题上抱有不同的看法，对若干文件、人物存在着截然相反的观点，这是不容讳言的事实。百科全书集古今中外政治、文化和科技之大成，涉及世界各国，各种理论、制度以及各种倾向的人、事、物等，矛盾是无法回避的。钱伟长提出，"要根据不同的情况，用不同的处理

雪山森林中的湖泊，恰似一面蓝色小镜子，精巧绝伦；百科全书则是历史的一面镜子，陪伴、映照着人类文明的进程。符冰摄影。

方法，总的就是求同存异，协商解决"①，解决的办法就是建立双方都认可的编辑方针、编纂标准、工作规范和协调机制。从邓小平提出"中国的条目中国自己来写"的"一书两制"编辑方针，到中美联合编审委员会成立、条目互译互审、有理有据协商处置双方歧见，形成整套合作规范、标准和机制，不仅仅是保证学术品质，更重要的是，有效处置了由于政治、文化背景不同所产生的看似对立、棘手的种种疑难问题，达成共识，使双方共赢的合作能够顺利进行。

流年似水，百科全书背后的许多人、许多事都将渐渐隐没在时光的长河里，而那些思想、智慧、惊人的成就，将如浩瀚太空的星辰般闪耀长存。

---

① 徐慰曾. 这是个好事情[M]. 北京：中国大百科全书出版社，2004：93.

# 主要参考文献

罗杰·菲德勒. 媒介形态变化——认识新媒介 [M]. 明安
　　香, 译. 北京: 华夏出版社, 2000.

徐慰曾. 这是个好事情 [M]. 北京: 中国大百科全书出版
　　社, 2004.

克里斯·安德森. 长尾理论 [M]. 乔江涛, 译. 北京: 中信
　　出版社, 2006.

罗志成, 付真真. 外部因素对维基百科序化过程的影响分
　　析 [J]. 图书情报, 2008, 5.

贾琦那, 付玉杰. 从尼葛洛庞帝 "三圆交叠" 说看媒介分化
　　[J]. 西南民族大学学报, 2009, 12.

邓鑫. 美国反网络盗版法惹争议 [N]. 深圳特区报,
　　2012-02-06.

金姬. 危机笼罩维基 [J]. 新民周刊, 2013, 47.

苏化语. 揭秘维基百科最大规模水军黑幕: 词条被公关
　　[N]. 南都周刊, 2013-11-07.

尤查·本科勒. 企鹅与怪兽: 互联时代的合作共享与创新
　　模式 [M]. 简学, 译. 杭州: 浙江人民出版社, 2013.

彼得·伯克. 知识社会史: 上卷 [M]. 陈志宏, 王婉旎, 译.

杭州:浙江大学出版社,2016.

彼得·伯克. 知识社会史:下卷 [M]. 汪一帆,赵博囡,译.
杭州:浙江大学出版社,2016.

阿瑟·赫尔曼. 苏格兰,现代世界文明的起点 [M]. 启蒙编
译所,译. 上海:上海社会科学院出版社,2016.

拉尔夫·林顿. 文化树 [M]. 何道宽,译. 北京:北京师范
大学出版社,2017.

马克斯·舍勒. 知识社会学问题 [M]. 艾彦,译. 南京:译
林出版社,2017.

约翰·赫斯特. 极简欧洲史 [M]. 席玉萍,石晰颋,译. 桂
林:广西师范大学出版社,2018.

龚莉. 没有围墙的大学 [M]. 南昌:江西高校出版社,
2018.

A. J. Jacobs. The Know-It-All: One Man's Humble Quest
to Become the Smartest Person in the World [M].
SIMON & SCHUSTER INC., 2004.

Jorge Cauz. How I do it [J]. Harvard Business Review, 2013, 3.

Jim Giles. Free for all? Lifting the lid on a Wikipedia crisis
[N]. New Scientist, 2013-05-16.

Encyclopædia Britannica, Inc. Encyclopædia Britannica
Anniversary Edition [M]. Encyclopædia Britannica,
Inc., 2018.

Wikipedia.Wikipedia and many more. wikipedia.org.,
2020, 3.

British Encyclopedia. British Encyclopedia History and
many more. Britannica.com and eb.com., 2020, 3.